# 现代汉语词汇学

（第3版）

葛本仪 著

创于1897
商务印书馆
The Commercial Press

**图书在版编目(CIP)数据**

现代汉语词汇学/葛本仪著. —3版 —北京：
商务印书馆，2014(2023.9 重印)
ISBN 978-7-100-10023-6

Ⅰ. ①现… Ⅱ. ①葛… Ⅲ. ①现代汉语—词汇学
Ⅳ. ①H136

中国版本图书馆 CIP 数据核字(2013)第 121794 号



**现代汉语词汇学**

**(第3版)**

葛本仪 著

商 务 印 书 馆 出 版
(北京王府井大街36号 邮政编码100710)
商 务 印 书 馆 发 行
北京市十月印刷有限公司印刷
ISBN 978-7-100-10023-6

2014年6月第1版 开本 710×1000 1/16
2023年9月北京第4次印刷 印张 15½

定价：68.00元

# 第3版前言

2001年我出版了《现代汉语词汇学》一书，2004年又出版了该书的修订本。该书出版后，得到了社会广大读者的支持，十年来，先后重印了8次，至今仍供不应求。我除了心存感激之外，只有在这里对支持我的朋友和广大读者表示深深的敬意和感谢。

现在商务印书馆将接印此书，为了更趋完善起见，趁此机会，我又进行了一次力所能及的修订。这次修订的内容主要表现在以下几个方面。

一、将过去还未讲透彻的地方尽量做了必要的补充。

二、将不合适的例证尽量做了更换。

三、将不够清楚的阐述以及个别的错别字等做了修改。

四、应读者要求增加了一些主要的参考文献。我的参考文献是以年代为序排列的，这样排列的目的，就是想让大家了解，这也是我学习和研究汉语词汇学的过程，我就是在这些书的滋养和启发中不断前进的。

这次虽然又一次修订，但我想在做学问上永远都不可能尽善尽美，所以仍然希望各位朋友和广大读者提出宝贵的意见。

葛本仪写于山东大学

2012年6月

# 初版前言

《现代汉语词汇学》一书是我在《汉语词汇研究》一书的基础上，再融入近十几年来的研究成果和思考写作而成的。也可以说是集我目前研究成果的一本汉语词汇学专著。

1955年我大学毕业留校任教后，在讲授“语言学概论”课的同时，就对词汇研究产生了极大的兴趣，从那时起，就自觉或不自觉地乐于去学习、观察和思考有关汉语词汇方面的问题。在这漫长的近五十年的岁月中，自己不仅寓乐于其中，而且也颇得到了一些收获。1961年，我的《现代汉语词汇》出版了，虽然这本小书仅仅是我的学习之作，但是它的出版却给了我鼓励，给了我信心。我开始做起了自己的学问，在学习先辈学者和时贤们研究成果的基础上，开始走自己的路，学着说自己的话。

《汉语词汇研究》是我在1985年出版的，由于当时的研究水平和条件，写得还是简单了点，有的问题甚至未能提及，但是对书中的许多观点，我至今还是认可的，因此，在这本词汇学的写作中，这些观点仍然还要继续沿用，不过有的地方要有补充，也有个别的地方要做适当的修改。此外，当然还要增加一些新的观点和内容，讨论一些新的问题。

任何一个学术研究领域，都是一个色彩斑斓的世界，任何一个研究者，都可以在这个世界里凭借着自己的力量去遨游，去探索；同时，更可以根据自己的具体实践，对问题提出个人的看法。至于这个看法是否得当，是否正确，那就需要实际的检验和大家的评判了。我就是抱着这样一种想法来从事研究和写作的。因此，这本书问世后，也希望能得到大家的帮助和批评。

葛本仪写于山东大学

2000 年 5 月

# 修订本前言

《现代汉语词汇学》一书，于2001年4月由山东人民出版社出版。出版后得到了大家的支持和认可，出版社应社会的需求，于2002年3月进行了第二次印刷。该书的发行情况是值得高兴的，但是对我来说，每当翻阅此书，总会感到有许多不尽人意的地方。这主要表现在对某些问题的论述过于简单，因而不够完整；对新提出的一些理论观点，在阐释上还有许多不够细致和透彻的地方。其次，在行文上也有某些疏忽和不当之处。现在山东人民出版社又将进行再次印刷，我趁此机会，决定再对本书进行修订，除补充必要的新内容外，对目前已经觉察到的不足之处，也进行一些使其完善化的处理，以力求使该书的内容日臻丰富和成熟。

在《现代汉语词汇学》修订本出版之际，我想借此机会说明一点问题。2002年10月，我主编的《汉语词汇学》(全6册)由山东大学出版社出版，该书的出版除了让大家感到高兴之外，也给关心我的朋友带来了不解和困惑，这主要集中在以下两个问题上。

第一，所谓不解，是因为在该书中特别是第一册中，有两处集中批评了几位知名的学者。过去在我的著述中是从不批评别人的，因此大家不解。的确，该书中这种批评别人的做法我是不赞同的，这和我一贯的做人原则和学术作风极不吻合，何况被批评的人都是我所熟悉和尊敬的学者，有几位还是我多年的好朋友。我所以保留了这段文字，原因是这套书是大家分工撰写的，而且这一册中，我本人也在被批评的范围之内。为了不压制批评，特别是对我本人的批评，也为了给别人以发表意见的自由，所以才把这段内容保留了。在这里需要说明的是，我本人在治学态度上一如既往，丝毫未变。

第二，所谓困惑，是因为在我自己主编的书中来批评我自己，使阅读我的著述的朋友和学生们感到困惑，大家不免要问，是不是我的观点改变了。我在上段中已经说明了保留这段文字的原因，因此在这里我可以肯定地说，我的学术观点没有改变。从《汉语词汇研究》到《现代汉语词汇学》初版本，直到这本修订本，其中的理论观点没有任何矛盾，如果有所不同的话，那仅仅是我尽量对后出版的内容进行修订补充，使后者比前者更趋完善而已。因此可以说，现在即将出版的《现代汉语词汇学》修订本，对我当前的学术思想来说是最具有代表性的。

感谢大家对此问题的关心，今做此说明，也望得到大家的谅解。

葛本仪写于山东大学

2004 年 5 月

# 目　录

# 第一章

# 对词汇的再认识

## 第1节　词汇的内容

### 一　词汇的界定及其性质

何谓词汇，人们可以做出许多既随便又无什么错误可言的解释，如："语言中所有的词构成所谓语言的词汇"（斯大林语），"一部书中所用的词的总和就叫做词汇"，或者说不论在什么情况下，"词的总称就叫做词汇"等等。我们在一些著述中的确能够经常见到这样的解释，而且应该说，在日常交际中，在某种语境下，这样的解释也是完全正确的。因为"词汇"的确是一个指称词的集体的概念，是表示词的总和的意义的。但是从语言研究的角度来考虑，用词汇学的科学术语的含义来要求，这种解释显然就不够严格和正确了。要给词汇做出正确的界定，还必须从词汇的性质谈起。

早在20世纪50年代，斯大林就已经指出："拿词汇本身来说，它还不是语言，——它好比是语言的建筑材料。建筑业中的建筑材料并不就是房屋，虽然没有建筑材料就不可能建成房屋。同样，语言的词汇也不就是语言，虽然没有词汇，任何语言都是不可想象的。但是当语言的词汇受着语言语法的支配的时候，就会获得极大的意义。”[①]斯大林这段话今天看来，尽管有许多不完善的地方，但是它总也提出了词汇的基本性质和作用。

在语言中，应该说，作为语言的建筑材料的成分很多，这就要看是在什么范围内，什么条件下，充当什么样的建筑材料等问题。例如形成为音位的音素只能是音节的建筑材料，词素只能是词的建筑材料等，对于词汇来说，它作为建筑材料，其作用是为了构成句子，也就是说词汇作为建筑材料，就是用来组成言语以进行交际的，因此，作为造句的材料就是词汇的功能和性质。根据词汇的这一特点，应该承认，凡是具有这种功能和性质的语言成分，都应该属于词汇的范围之内，例如成语、惯用语等等，因为它们虽然都是由词组成的词组形式，但是它们却都是一种组句的备用单位，都具有和词一样的建筑材料的性质和作用，语言词汇当然不应该而且也不能够把这类成分排斥在词汇之外。因此我们认为，词汇应当是一种语言中所有的词和所有的相当于词的作用的固定结构的总汇。所以，任何一种语言的词汇都包括着两个基本的内容，那就是该语言中所有的词的总汇，和所有的相当于词的作用的固定结构的总汇。

## 二　词汇的内容和范围

前面已经指出，词汇的内容应该具有词的总汇和相当于词的作用的固定结构的总汇两个基本的部分。因此，对这两个既有联系又有区别的部分，下面分别地进行叙述和分析。

### （一）词的总汇

一种语言中所有的词构成为该语言的词的总汇，词的总汇又可分为基本词汇和一般词汇两个部分。

---

① 斯大林：《马克思主义和语言学问题》第 17 页，人民出版社，1971 年版。

1. 基本词汇

基本词汇是语言中所有的基本词的总汇，它是语言词汇中主要的不可缺少的部分，语言的基本词汇和语法结构共同形成了语言的基础。所以如果语言的基本词汇完全改变了或者彻底消亡了，都意味着这种语言已经不存在了。

基本词汇中的词称为基本词，它们都表示着人们日常生活中最必需的事物和概念，所以基本词和人们生活的关系极为密切，是社会上各行各业的人们都离不了的词汇成分。人们学习和掌握语言，也是首先从掌握基本词开始的，因为它表示了人们最需要的事物和动作等等的名称，如果没有掌握基本词，就不可能进行最必需的社会交际。

汉语中的基本词如：

天　地　山　水　人　鸟　牛　羊　风　雨　阴　晴　花　草　江　河　树木　道路　天气　阳光　白云　空气　太阳　月亮　石头　沙子

爷爷　奶奶　父亲　母亲　爸爸　妈妈　姐姐　弟弟　叔叔　姑姑　舅舅　姨妈

头　手　嘴　腿　脚　心　肺　胃　肝　肾　眼　牙　耳朵　鼻子　胳膊　指头　头发

书　笔　纸　墨　车　船　布　线　锅　碗　灯　门　墙　窗户　房子　桌子　椅子　刀子　绳子　电话　电视　汽车　衣服　邮票　学校　老师

米　面　粮　油　盐　菜　糕　饼　鱼　肉　虾　饭　粥　馒头　米饭　面条　饺子

走　跳　看　想　生　死　睡　醒　买　卖　来　去　学习　工作　休息　劳动　成功　失败

红　白　甜　苦　方　圆　厚　薄　大　小　长　短　高

低 深 浅 多 少 硬 软 矮 胖 美丽 漂亮 轻快 沉重 丰富 干净 团结 健康

上 下 前 后 左 右 春 夏 秋 冬 东 西 南 北

一 二 三 四 十 百 千 万 你 我 他 谁 这 那 再

……

基本词汇具有以下几个特点：

第一，普遍性。由于基本词汇和人们生活的关系非常密切，从事任何行业的人们都离不开它，所以它为全民普遍使用，使用的范围最广，使用的频率很高。

第二，稳固性。由于基本词汇为全民使用，因此它就会为本民族的世世代代的人们不断地运用着，生命很长久，不易发生变化。所以基本词绝大多数都是经过人们长期使用后被固定和承传下来的词。基本词在被社会上的人们共同认可的同时，本身也具有了极大的稳固性。

第三，是产生新词的基础。我在《汉语词汇研究》一书中曾将这点写为"能产性"，后来还是认为说成"是产生新词的基础"比较合适，因为基本词本身就是词，所以基本词是不可能再构成新词的，它本身不可能具有产生新词的能力。但是基本词可以成为产生新词的基础，这主要体现在两个方面：一个方面是构成单纯基本词的词素，因为它和基本词的形式是相一致的，单纯词和构成它的单纯词素同时产生，它们存在于一个相同的形式之内，只是两者的性质和功能完全不同而已。因此在基本词被普遍使用和具有稳固性的情况下，也使构成它的词素获得了很强的构词能力，如"人"作为词素构成了"人"这一基本词，同时"人"作为词素又可以参与构成许多其他的合成词，从而形成了它的能产性。另一方面是由合成词充当的基本词，当这类基本词被社会广泛使用并具有了一定的稳固性之后，它就会以整体的形式转化成为合成词素，并参与创制新词。如“工作”一词原是一个由“工”和“作”两个词素组合而成的合成词，但是当“工作”这一合成词被语言社会确认为是基本词并被广泛使用后，“工作”这一语言形式就会整体性地转化成为合成词素并参与造词，如社会上出现的“工作服”“工作帽”“工作台”“工作日”等等就是这种情况，这就是说，由于“工作”是一个基本词，它就更有可能转化成为词素来参与造词，从而使“工作”以词的身份成为了产生新词的基础。有许多合成式基本词的情况大致都是这样。当然，当合成词以合成词素的性质参与造词时，这一词汇成分就同时可以具有两种不同的功能和性质，它参与造句时是词，参与造词时就是词素，如“工作”这一成分就是如此。

基本词的三个特点是相互联系的，在这三个特点之中，应该说，“普遍性”又是最根本的，因为一个词只有具备了普遍使用性，才更有利于形成它的稳固性，也才能够使它进一步成为产生新词的基础。

另一个应注意的问题是，我们在谈论基本词的稳固性的时候，不应把这种稳固性和历史悠久完全等同起来，因为许多非基本词也同样可以具有历史悠久的特点，但是一个具有悠久历史的词如果没有普遍性，仍不可能成为基本词，如“诗经”一词可谓历史悠久，但它不具备普遍性的特点，因此“诗经”只能是一般词汇中的固有词。同样一个并非具有悠久历史的词，但它在某个历史发展阶段内具有了普遍使用性，并进而形成了它的稳固性，那么它也有可能进入到基本词汇中来，如“电视”一词就是如此，虽然它存在的历史不算悠久，但由于它的普遍使用性，使它同时也获得了稳固性。在现代汉语中，它已经被公认为是一个基本词了。基本词在具有了普遍性和稳固性之后，就必然会成为社会产生新词的基础。

此外还应注意的是，这里讲的基本词是产生新词的基础这一特点，也是从其整体性质的角度来谈的，事实上有个别的基本词的词素，如“你”“谁”等，体现这种性质的确是比较弱的，但是因为它们都具备了普遍性和稳固性的特点，所以仍然是基本词。

2. 一般词汇

词汇中基本词汇以外的词的总汇就是语言的一般词汇。与基本词汇相比较，一般词汇使用的范围比较狭窄，使用的频率也比较低，从总体上讲，在稳固性和作为产生新词的基础等方面，都要比基本词汇弱得多。但是一般词汇也有自己的特点，它在反映社会的变化和发展方面是非常敏感的，“词汇的发展要比语音和语法部分的发展迅速得多”，“词汇的发展在某种程度上反映了社会发展的面貌”等特点，在一般词汇中表现得特别突出和明显。一般词汇有着丰富的内容，因此，要想更好地掌握和运用语言，不但需要很好地学习和掌握基本词汇，而且必须认真学习和掌握好语言的一般词汇。

一般词汇包含的内容丰富而且广泛，具体说来，有以下几个方面：

第一，历史上承传下来的固有词。这类词都是在过去就已经存在了的，其中有些词的历史相当悠久，也有一些词是在各个历史发展阶段中被不断地稳固和承传下来的。这些词一旦形成后也是为人们世世代代地沿用着，但是它们却不具备普遍性和作为产生新词基础的特点，因此这类词都属于一般词汇。如：

| | | | | |
|---|---|---|---|---|
| 夫人 | 儒家 | 诞辰 | 逝世 | 颜面 |
| 饮食 | 居留 | 界限 | 借鉴 | 编纂 |
| 别号 | 彩霞 | 拜访 | 残忍 | 沉浮 |
| 晨曦 | 错综 | 胆寒 | 底稿 | 论题 |
| 独裁 | 封锁 | 风采 | 风云 | 璀璨 |
| 灿烂 | 感慨 | 激烈 | 昂扬 | 珍爱 |

第二，适应社会交际需要而产生的新词。所谓新词就是指刚产

生的词，或者是产生后使用时间还不长久的词。我们判断新词，首先应该有一个时间概念，也就是说，必须要立足于某一个时段上来认识新词，如果以唐朝建立为起点，那么唐朝之初出现的词当然就是新词，很显然，这些词在宋代看来，肯定就不会认为是新词了。同样，新中国成立之初产生的词，到改革开放时期，人们也不会认为它们是新词了。所以新词应该是在某个时期内被社会认可的新产生的词。

新词产生以后，经过一段时间的使用，在社会约定俗成的基础上，有少数的词可能成为基本词进入到基本词汇中去，这也是基本词汇不断进行更替和发展变化的必然规律。例如在现代汉语中，像“塑料”“电视”“家电”“法制”“民警”“小康”等等，就可以认为是基本词了。然而更多的新词却往往是作为一般的词属于一般词汇范围之内的。目前现代汉语中的新词还是很多的。如：

离休　退休　录像　展销　网友　视频　考评　挂靠
手机　光盘　评估　法盲　档次　牵头　联手　网吧
环保　创收　定岗　下岗　反思　乒坛　香波　减肥
透明度　公务员　牛仔裤　关系学　乌发乳　显像管
太阳能　摄像机　录像带　电子琴　计算机　扫描仪
立交桥　软包装　追星族　宇航员　双职工　志愿者

第三，因特殊需要而加以运用的古语词。古语词一般就是指过去曾经运用过而现在已经不用的词。由于交际的需要，在某些场合，人们也可能重新使用某些古语词，这就有可能使古语词成为某一时期语言的一般词汇中的一个组成部分。因此古语词这一概念应该包含着两种含义：一种是从历时的角度讲，汉语词汇中的古语词就是指历史上曾经出现过而现在已经不再使用的词，其中有的词也许会根据社会的需要而被重新启用，也有的词则会不再被运用了。另一种从共时的角度讲，是指某个时期的语言词汇中包括的古语词，也就是指在这个时期内被重新运用的古语词，这些古语词都是该共时语言词汇系统中的一个组成部分，所以这种从共时角度讲的古语词，只能是指那些被共时社会重新启用了的古语词。

现代汉语中的古语词是现代社会人们使用的古语词，它是现代汉语词汇系统中的一个组成部分。现代汉语中的古语词表现为两种类型：一种是反映了历史上曾经存在过的或者古代神话传说中出现过的一些事物和现象的词，前者如“县官”“保长”“宰相”“青楼”“书童”“巡捕”“上朝”“接旨”等等，这类词也可称为历史词语；后者如“天宫”“龙王”“天王”“王母”“天将”“龙女”等等。这些词的性质是，它们都是与历史事物或与古代神话传说有着密切的联系，因此当人们学习和了解历史，或者讲述历史故事和神话传说时，就必然要运用它们，虽然现在这类词语表示的事物和现象都已不再存在，但是人们对历史和神话故事的学习和讲述却没有间断，因此，这些词语往往都是经常地甚至是不间断地被世世代代的人们运用着，它们在为人们了解历史、讲述过去等方面起到了积极的作用。这类词语在语言词汇的任何发展阶段上，都是一般词汇所包含的古语词中比较稳定的部分。从这一点上讲，它们和固有词有相同之处，因为它们都是历史上承传下来的；但是它们两者又绝不相同，其主要不同就在于古语词指称的事物和现象除在讲述过去的有关问题时才显现外，已基本上与现代的社会生活无关了，而固有词却是和它存在时代的社会生活息息相关的。另一种类型是，一些在古代汉语中曾经使用过的词，现在已经基本不再应用了，但是有时由于某种交际需要，或者为了达到某种修辞目的，人们又重新选来加以运用，如“壮哉！刘公岛”(报)中的“哉”，“余虚度年华五十余载”(报)中的自称“余”和表示年用的“载”等都是这种情况，在书面语中，这种古语词是颇为多见的。

现在更多的现象是启用了古语词后并不使用它原来的意义，而是在其原义的基础上产生出新义来加以运用，如“乌纱帽”的意义原为“做官的人戴的一种帽子”，现在却用来表示“有官职”的意思；又如

“状元”，其原义为指称“科举时代应考得中的第一名”，现在则比喻“在本行业中成绩最好的人”。很明显，这种现象既是对古语词的一种启用，同时又和词义的发展有着密切的联系。因为在旧词意义的基础上产生新的义项，毫无疑问是词义发展的一个重要的方面。

第四，从方言中吸收来的方言词。这种方言词是指来源于地域方言的词。它们是社会共同语词汇系统中的组成成分，和存在于各地域方言中的方言词性质是完全不同的。例如“搞”“垃圾”“名堂”“把戏”“尴尬”“瘪三”“二流子”“亭子间”等等，都是从各地域方言中吸收到共同语里来的，尽管它们作为各地域方言中的方言词也仍然存在于各地域方言中，并继续被使用着，但是它们在现代的共同语中却也是一般词汇中的一个不可缺少的组成成分。再比较上海话的“阿拉”（我）、“侬”（你）等，因为这类词没有被吸收到共同语词汇中来，所以它们只能是地域方言中的词，却不是现代共同语中的词汇成分。

第五，受外族语言影响而产生的外来词。在社会发展过程中，不同国家和民族的相互交往，必然会影响到各民族之间语言词汇的相互影响和吸收，通过这种原因和途径产生的词就叫做外来词。但是必须明确，所谓外来词是指来源于外语影响而产生的词，绝对不是外语中原来的词，因为任何一种语言在接受外族语言影响时，都要在原来外语词的基础上，再经过一番重新改造和创制的过程。对汉语来说，这就是在原来外语词的基础上，将一个外语词重新改造并汉化为外来词的造词过程，汉语的外来词必须经过这个汉化过程之后，才能够被创制而成，所以汉语中的外来词是汉语词汇中的词，它也是汉语词汇系统中的一部分，它和外语词虽有联系但绝不等同。

现代汉语中的外来词是很丰富的，特别是 80 年代以后，外来词更是大量地涌现，其数量之多，涉及范围之广，形成方式之多样化，都是空前的。从当前情况来看，汉语外来词的汉化方式可表现为以下几个方面。

(1) 直接模仿外语词的语音形式，再用汉语语音加以改造，使它符合汉语语音的特点和规则，从而产生新词。这类词通常称为音译词。在书面上用音同或音近的汉字来表示。如：

咖啡(coffee)　　吉他(guitar)

巴黎(Paris)　　伦敦(London)

白兰地(Brandy)　　法兰西(France)

奥林匹克(Olympics)

(2) 书面上直接借用外语字母的形式，再将其读音用汉语语音加以改造，使其符合汉语语音的特点和规则，从而形成为汉语的外来词。这类词可以称作形兼音译词，其形式多由外语词的原形式简缩而成，有的就是直接借用了外语中的简缩形式。[①] 如：

CT —— 原词为 Computerized Tomography，汉化后的语音形式为 sēitì

CD——原词为 Compact Disc，汉化后的语音形式为 sēidì

MTV——原词为 Music Television，汉化后的语音形式为 āi · mu tī wēi

VCD——原词为 Video Compact Disc，汉化后的语音形式为 wēi sēi dì

DVD——原词为 Digital Video Disc，汉化后的语音形式为 dì wēi dì

(3) 把已经汉化了的音译成分和与原外语词的意义有关的汉语词素相组合，从而形成新的外来词。这类词通常都称为音加意译词。如：

啤酒(beer)　　咖啡茶(coffee)

① 这类词的读音有待于进一步约定俗成和标准化。

芭蕾舞(ballet)　　　吉普车(jeep)

坦克车(tank)　　　巧克力糖(chocolate)

(4) 把直接借用的代表外语词的字母形式,用汉语语音加以汉化后,再和有关的汉语词素相组合,从而产生新的外来词。这类词可以称作形加意译词。如:

B超——B汉化语音为bì加汉语词素"超"

BP机——BP汉化语音为bìpī加汉语词素"机"

γ刀——γ汉化语音为gāmǎ(伽马)加汉语词素"刀"

(5) 在外语词汉语语音化的基础上,巧妙地把一个音节用一个汉语的与之语音相近意义相关的汉字来表示,这些汉字从形式上看很像组成该词的汉语词素。这样汉化而成的音义结合的外来词,通常称为音意兼译词。如:

"绷带"一词,就是英语词 bandage 用音意兼译的形式的汉字"绷"和"带"汉化而成的。它们的音节形式与外语词原来的音节形式"ban"和"dage"都非常相似,它们的意义又与外语词原来的意义能够有所关联。"绷"有"拉紧"的意思,"带"是"带子"的意思,"绷带"在一起完全可以表示原外语词的"包扎伤口或患处用的纱布带子"的意义。

又如:

拖拉机——来自俄语词 трактор,该词的三个音节都是用音意兼译形式的汉字表示的。

可口可乐——来自英语词 Coca - Cola,该词的四个音节都是采用了音意兼译的方式。

此外,有的词也有音意兼译和音加意译两种方式并用的现象,如"霓虹灯"英语词 Neon,其中的"霓虹"是用两个音意兼译的汉字表示的,"灯"则是用音加意译的方法组合进去的汉语词素。

(6) 在外语词的基础上,借鉴其意义,然后用汉语的词素和组词规则形成新词。这类词通常也称为意译词。人们一般都不把这类词当作外来词看待。如：

民主 足球 铁路 电话 煤气 水泥

维生素 扩音器 收割机 无产阶级

这类意译词在开始进入汉语社会时，大部分也都是以音译词的形式出现的，后来在使用过程中，这些音译词逐渐被人们创造出来的意译词所代替。这也是人们习惯于使用民族语言形式的结果。

在词汇系统中，外来词中的音译词是永远存在的。但可以认为，有的音译词逐渐被意译词代替，也是汉语外来词发展的规律之一。如改革开放以来，有的音译词如“克力架”就已经被“饼干”代替，而“超短裙”“洗发水(洗发剂)”等词的使用频率也已远远超过了“迷你裙”“香波”等。这种情况就是对这一发展规律的有力说明。

以上几种情况尽管不同，但它们成词的基础形式却都是外语词，都是源于外语词影响而产生的汉语词，而且都是汉语词汇中不可忽视的组成部分。

第六，社会方言中的词。社会方言是全民语言的分支，它是由于社会上各种不同行业和集团内部的交际需要而产生的。社会方言和地域方言不同，它没有自己的基本词汇和语法结构，更没有形成自己的语言符号系统，它具有的仅仅是一些适应本行业、本集团交际需要的词语而已。这些词语都是由于社会分工的不同，以及生活条件等在各方面的差异而产生出来的，它们都是全民语言词汇的组成部分。虽然本行业和集团以外的人们很少使用，但这些词语本身并无任何秘密性，只要感到需要，任何人都可以接触它、了解它和掌握它。具体说来，社会方言大致包括以下几个内容。

主要的一个内容就是行业语。行业语是由于社会分工不同而产生的各行业集团的用语。如教育行业中就有“讲课、备课、辅导、答疑、自习、教室、教具、课桌、学分、课程、选修、基础课、课程表、课堂讨论”

等等；医学行业中就有"内科、外科、眼科、中医、西医、医生、护士、门诊、处方、诊断、治疗、病房、针灸、推拿、注射、开刀、手术"等等；戏剧行业中则有"主角、配角、演员、布景、道具、台词、龙套"以及某些表明不同角色的"青衣、花旦、武旦、武生、小生、须生、花脸"等等。每个行业都有自己的行业语，某个人只要从事某种行业，就会掌握这一行业的行业语，这是由于这一行业范围内的交际需要所决定的。

行业语虽然是某个行业集团的专门用语，但是有时由于科学文化的发展，或者词语本身的发展和变化，某些行业语也会程度不同地扩大其使用范围。如随着人民生活条件的改善和科学文化水平的提高，更多的人获得了欣赏戏剧的机会，这时，戏剧行业中的某些用语，就必然会扩大其使用范围而为更多的人来使用。随着教育事业和医疗事业的普及，这些行业中的某些用语的使用范围，也必然会逐渐扩大开来。

还有一部分行业语，由于人们认识上所产生的某些联想，在使用过程中，也会由单义词逐渐发展成为多义词，产生出新的为其他行业，甚至是可以为全民所运用的义项来。同时，由于某些义项的全民性，又会使得这些词语的使用范围逐渐扩大开来。如"战士"一词，原指"军队最基层的成员"，是一种军事用语，后来"战士"发展成了多义词，除原有意义外，还可"泛指参加某种正义斗争或从事某种正义事业的人"，如"白衣战士""文化战士"等。这种演变就使得"战士"一词不只是军事用语，同时也成了一般用语。很明显，"战士"一词的使用范围扩展了。其他像"战线、阵地、攻克、尖兵、麻痹、解剖、角色、后台、堡垒、舞台"等等都是这种情况。

社会方言的第二个内容是指儿童、学生、干部、老人等所使用的一些个别词语。这些词语都是由于人们的年龄、生活条件、心理状态等各种因素的不同而自然形成的一种社团用语。如儿童语中的"碗儿碗儿"——碗儿，"球球"——球，"鞋鞋"——鞋等。小学生共同做游戏时喜欢用"来的"一词，表示"一块玩"的意思，如"咱们来的，好吗?”又如学生夜读称“开夜车”,老人称小辈的年轻人为“后生”,称自己的丈夫或妻子为“老伴”等。这类词语虽然数量不多,但它却能反映出人们由于年龄、生活条件和文化程度等不同而表现出来的运用词语的不同情况。

把一般词汇分为以上六种类型,主要是从其来源和性质的角度考虑的,事实上,这六类词之间也存在着各种复杂的关系和联系,如就新词而言,除一般新词外,还有相当一部分分别来源于外来词、方言词和社会方言词,这些新成分一旦产生后,有的很快就成为了社会普遍使用的一般新词,有的则成为了社会方言词,特别是行业语中的新成分。新词产生后,经过社会成员应用一段时间之后,有的还可以进入到固有词或基本词的范围之内。所以认识一般词汇时,不但应认识到各类词的不同性质和区别,也应该考虑和了解到各类词之间的相互联系和共同发展的情况。

3. 基本词汇和一般词汇的关系

基本词汇和一般词汇都有各自的特点,因此,它们是语言词汇中两个完全不同的部分。但是另一方面,基本词汇和一般词汇又有非常密切的联系,它们相互依存,共同发展,都是语言词汇中不可缺少的部分。

基本词汇是语言的基础,它也是一般词汇形成的基础。一般词汇中的大多数词,都是在基本词汇的基础上形成的。

一般词汇反映社会的发展是非常敏感的,它几乎经常处在不断地变动之中,因此,语言词汇中的新成分,往往要首先出现在一般词汇中,然后,个别的成分再进入到基本词汇中去,促成基本词汇的发展。从这一角度讲,一般词汇又可以充当基本词汇发展的源泉。

此外,基本词汇和一般词汇中的个别成分又是可以互相转化的。在词汇发展的过程中,随着社会交际需要的改变,某些基本词可能转化成为一般的词,而某些一般的词,也可能转化成为基本词。如过去的基本词“鬼”“神”“野菜”甚至于“窝窝头”等，现在都已随着和人们生活关系的减弱而成了一般的词。过去的基本词“当”“当铺”“保长”等等，也都随着它们所表示的事物的消亡而变成了历史词语，成了一般词汇中的成员。与此相反，像过去的一般词“党”，由于现在已成了“共产党”的简称，随着共产党在人民生活中的地位和作用的加强，“党”一词已由一般词转化成了基本词。其他像“书记”“科技”“改革”以及前面已提到的“电视”“塑料”“民警”等等，现在也都已转化成为基本词了。

基本词汇和一般词汇就是在这样一种相互依存、不断转化的关系中共同发展和丰富起来的。它们的发展又形成了整个语言词汇的丰富和发展。

**（二）相当于词的作用的固定结构的总汇**

汉语中相当于词的作用的固定结构，一般也可以称作熟语。它包括的主要内容有成语、惯用语、谚语和歇后语以及专门用语等等。这些固定结构都是在语言的长期运用中约定俗成的定型的词组和句子，它们都具有以下三个共同的特点：

第一，结构定型。这些固定结构在语言运用中，都是以一个完整的定型的结构形式出现的，这种定型的结构形式具有一定的稳固性。

第二，意义完整。这些固定结构所表示的意义绝大部分都是抽象概括化了的，一般都不是字面意义的简单相加，所以这些固定结构的意义总是以一种特定的整体的意义出现的。

第三，充当语言的备用单位。在语言运用中，这些固定结构都是组句的备用材料，它们的作用相当于词。

此外，这些固定结构又各有自己的特点，并且以其各自不同的特点又形成了各种不同的类聚。

1. 成语

成语是一种具有固定的结构形式和完整意义的固定词组。如：

| | | |
|---|---|---|
| 水落石出 | 狐假虎威 | 望梅止渴 |
| 千锤百炼 | 胸有成竹 | 刻舟求剑 |
| 比比皆是 | 本末倒置 | 波澜壮阔 |
| 沉鱼落雁 | 初出茅庐 | 打草惊蛇 |
| 根深蒂固 | 排山倒海 | 鲸吞蚕食 |
| 借花献佛 | 顺水推舟 | 朝三暮四 |

汉语的成语非常丰富，有很多都是从古汉语中沿用下来的，生命力极强。成语言简意赅，凝练而深刻，具有一般词语所不能比拟的表达作用。

在结构形式方面，成语结构定型的特点特别突出。汉语的成语多以四个音节的格式为主，一般是不能随意更动其组成成分和词序的。如“大公无私”，就不能随意改为“大公没私”“大公和无私”或者“无私大公”等，“叶公好龙”更不能随意改成“李公好龙”或“叶公喜龙”“叶公爱龙”等。汉语成语在结构形式上的特点，形成了它整齐简洁的独特风格。

在意义方面，成语的意义多为集中凝练而成，所以都是比较完整和抽象概括的。汉语中有部分成语，它的意义和它组成成分的意义是基本一致的，因此，这类成语的意义，一般可以从字面上得到了解。如“恋恋不舍”“两全其美”“惹是生非”“普天同庆”“门庭若市”“大快人心”等等。但是更多的成语，其含义都是在组成成分意义的基础上抽象概括而成，这种成语，一般从字面上就很难确切深刻地了解它的含义了。如“九死一生”是“形容情况极端危险，多次经历生死关头而幸存”的意思，绝不是简单地指“九次死一次生”而言；“千方百计”是表示“想尽一切办法”的意思，也绝不是指具体的“一千个方法，一百个计谋”。其他像“犬马之劳”“昙花一现”“中流砥柱”“赴汤蹈火”“枯木逢春”“骑虎难下”等等都是这样的情况。

汉语中还有许多成语，它们或来源于古代寓言，像“愚公移山”

“鹬蚌相争”“黔驴技穷”“揠苗助长”“守株待兔”“刻舟求剑”等；或来源于神话传说，像“夸父逐日”“精卫填海”“开天辟地”“八仙过海，各显神通”等；或来源于历史故事，像“草木皆兵”“望梅止渴”“完璧归赵”“四面楚歌”“负荆请罪”“卧薪尝胆”等；或来源于某些作品，像“豁然开朗”“妄自菲薄”“径情直遂”“实事求是”“土崩瓦解”“见异思迁”等。对这类成语，只有了解了它们的来源后，才能够对它们的含义有全面的认识，从而做到确切深刻的了解。

2. 惯用语

惯用语也是一种具有固定的结构形式和完整意义的固定词组。

在结构形式方面，汉语的惯用语多以三音节的格式为主。如：

敲竹杠　拖后腿　戴高帽　扣帽子

穿小鞋　背黑锅　栽跟头　磨洋工

炒冷饭　翻老账　碰钉子　抬轿子

咬耳朵　梳辫子　灌米汤　夹楔子

绕圈子　泼凉水　跑龙套　下马威

也有少数惯用语是由四个或四个以上的音节组成。如：

捅马蜂窝　唱对台戏　吃哑巴亏

钻牛角尖　杀回马枪　走下坡路

快刀斩乱麻　皮笑肉不笑

穿新鞋走老路　好心当作驴肝肺

惯用语虽然也是一种定型的固定结构，但是和成语相比，它的结构定型性却要弱得多，在汉语中，我们会经常发现，一个惯用语，往往存在着几种不同的形式。如“拖后腿”也可以说成“拉后腿”“扯后腿”，“捅马蜂窝”也可以说成“戳马蜂窝”等。此外，在具体运用中，人们还可以根据表达的需要，或者自己运用语言的习惯，来改变惯用语的词序或添加某些结构成分。如：

“戴高帽”可以说成“戴高帽子”“戴上个高帽”。

"背黑锅"可以说成"背了黑锅""背上了黑锅"。

"拖后腿"可以说成"拖谁的后腿"。

"磨洋工"可以说成"磨了半天洋工"。

"捅马蜂窝"可以说成"捅了马蜂窝"。

惯用语的结构定型性虽然较弱,但它却比较自由灵活,在语言运用中,适应性比较强。

在意义方面,惯用语的意义也是在组成成分意义的基础上,通过比喻引申抽象概括而成,所以它的意义是概括完整的,绝不能等同于它字面意义的简单相加。如"戴高帽"绝不是真"把高帽子戴在头上",而是"表示一种不符合实际的奉承和恭维";"背黑锅"也不是真"在脊背上背个黑锅",而是"表示承担着一种不该承担的罪责"。

任何一个惯用语的意义都是抽象概括的,否则它就是一般词组而不是惯用语了。如"走后门",当它表示"暗中运用不正当的手段达到某种目的"时,是惯用语;当它表示的意义是"走后面的门"时,就是自由词组了。

因为惯用语的意义抽象概括,比喻性强,且富有生活气息,因此,在语言运用中,显得非常生动形象而有风趣,具有鲜明的修辞效果。又因惯用语多来源于人民生活的日常用语,比较通俗易懂,所以它的使用范围非常广泛,无论在书面语中,还是在口语中,它都被广泛地运用着,并积极发挥着生动形象的语言表达作用。

3. 谚语

谚语是一种具有特定意义内容和固定结构形式的句子。是人们口头上流传的一种通俗、简练、含义深刻的现成话。

在结构形式方面,谚语都是用固定的句子形式表现出来的。有的是单句的形式,如:

千金难买寸光阴。

强扭的瓜不甜。

细工出巧匠。

人正不怕影子歪。

小树不砍不成材。

有的是复句的形式，如：

岁寒知松柏，患难见人心。

山中无老虎，猴子称大王。

知树知皮不知根，知人知面不知心。

不下水，一辈子不会游泳；不扬帆，一辈子不会操船。

恼一恼，老一老；笑一笑，少一少。

在意义方面，因为谚语总是以整体的形式出现的，所以它的意义都是特定的和完整的。有的谚语，其含义可以从它组成成分的意义上得到了解。如：

败子回头金不换。

不贵尺璧宝寸阴。

上山容易下山难。

不吃苦中苦，难得甜上甜。

春送千担粪，秋收万担粮。

也有的谚语，其含义是在字面意义的基础上，进一步引申比喻而成，因此都比较抽象概括。如：

众人拾柴火焰高。

搬起石头打自己的脚。

只要功夫深，铁杵磨成针。

留得青山在，不愁没柴烧。

种瓜得瓜，种豆得豆。

尽管这两种情况有所不同，但它们在内容上所表示的，都是人们长期生活经验的总结。它通过句子的形式，或者表示出一个判断和推理，或者在具体形象描写的基础上，通过引申和比喻，告诉人们一个必然的道理和规律，所以谚语的内容一般都比较丰富深刻，寓有哲理的意味。

谚语虽然是一种固定的句子形式，但是它和词一样，是语言的备用单位。在运用中，它既可以充当句中的一个成分，也可以独立成句，或者充当复句中的分句。因为谚语是以句子形式出现的，所以它充当独立的句子和分句的情况更多一些。

4．歇后语

歇后语是一种具有特定意义和固定结构的特殊的语言形式。它也是一种为人民群众所习用的现成话，所以和社会生活的关系非常密切，生活气息很浓。

歇后语所以被称为特殊的语言形式，就是因为从结构方面看，它都是由两个部分组成。如：

哑巴吃黄连——有苦难言。

鲁智深倒拔垂杨柳——好大的力气。

千里送鹅毛——礼轻情义重。

电线杆上绑鸡毛——好大的胆（掸）子。

四两棉花——谈（弹）不上。

打破砂锅——问（璺）到底。

从意义方面看，歇后语的前一部分都是对意义的引申和比喻，后一部分才是被引申比喻的正意所在。前后两部分通过引申比喻和被引申比喻的关系联系在一起，形成一个整体。如上例中的“哑巴吃黄连——有苦难言”，它要表示的意思是后一部分“有苦难言”，但却在前一部分先用了非常形象的“哑巴吃黄连”来进行比喻，前后两部分结合在一起，不但加重了语义，而且生动形象，给人们留下了很深的印象。还有的歇后语，除了运用引申比喻之外，还使用了谐音双关的手法，从而使意义表达上不但生动形象，而且含蓄诙谐。如上例中的“电线杆上绑鸡毛——好大的胆（掸）子”，它的前一部分的比喻是说明“掸子”的，然而由于“掸”“胆”同音，因此又用了谐音双关的手法转而说明了“好大的胆子”。用这种巧妙的方法组成的歇后语，寓意深刻，耐人回味，具有很强的修辞效果。

汉语中的歇后语非常丰富，而且在运用上也比较灵活。在具体运用中，有时歇后语前后两部分可以同时出现，如“老鼠过街——人人喊打”“肉包子打狗——有去无回”。有时歇后语也可以只出现前一部分，如“癞蛤蟆想吃天鹅肉”“黄鼠狼给鸡拜年”等，因为歇后语比较通俗易懂，即使只出现前一部分，它后面的意义，一般也都能领悟出来。

歇后语虽然是具有两个部分的特殊语言形式，但是，它作为一种固定的结构，在运用中仍然相当于一个词的作用。它可以充当句子的成分，同时也可以独立成句或者充当复句的分句。

5. 专门用语

专门用语就是指被固定化了的专门指称某种事物和意义的词组。它随着社会的交际需要而产生，并且许多专门用语都往往和它的简缩形式并存于语言词汇系统之中，根据不同的交际需要，两相交替地被人们自由使用着。如：

山东大学　人民警察　支部书记　大众日报
四个现代化　居民委员会　少年先锋队
人民代表大会　政治协商会议　上海电影制片厂
北京语言大学　北京航空航天大学

6. 习用套语

习用套语就是社会上人们习惯使用的现成话。这些套语都是在社会上被长期使用后约定俗成下来的，也是被固定化了的定型的词组或句子，它们和所有的相当于词的作用的固定结构的性质一样，都是组成言语的备用成分，因此它们也应该是词汇的成员。如“您好”“再见”“请进”“请坐”“对不起”等等。当然，社会上使用的各种各样的套语很多，像人们见面时打招呼经常用的“吃饭了吗？”“上班去啊！”之类的套语，由于它们作为言语组成的备用成分的性质极弱，所以不应该把诸如此类的套语也包括在词汇范围之内。

词和相当于词的作用的固定结构共同构成语言词汇的整体，现以词和相当于词的作用的固定结构为单位，将词汇系统的内容图示如下：

- 词汇
  - 词的总汇
    - 基本词汇
    - 一般词汇
      - 固有词
      - 新词
      - 古语词
      - 方言词
      - 外来词
      - 社会方言词
  - 固定结构的总汇
    - 成语
    - 惯用语
    - 谚语
    - 歇后语
    - 专门用语
    - 习用套语

# 第 2 节　词汇在语言中的地位和作用

## 一　对语言要素的认识

何谓语言的要素？这是一个很难回答的问题，主要是看我们从哪一个角度和范围来讨论问题。不过根据我们以往的研究情况来看，无论过去还是现在，凡是谈到语言的要素问题，基本都是从语言的组成部分着眼的；而语言的组成部分，又都是被看作能够作为交际工具的一部分，具有直接参与组词成句的功能的。因此在这里，我们也仍然从这种语言的组成部分谈起。

对语言组成要素的看法，在研究领域中，大家的意见并不尽一致。80年代以前，更多的人还是认同了斯大林的说法，认为语音、词汇、语法是语言的三大要素。80年代以后，人们逐渐提出了不同的看法，更多的人认为提出词汇为要素之一不妥，因为词汇和语音有交叉现象，语言的三大要素应该是语音、语义和语法。这样的提法当然也有它的道理，因为这样一来，这三者都是各自独立的，不会再出现任何重复和交叉现象了。但是这样的意见是否就能彻底解决问题呢？我认为仍然有值得考虑的地方，因为这三者虽然各自独立，但是从语言运用的层面来说，语音、语义和语法的独立运用性绝不是一样的，语音的独立运用性，更主要的是表现在它作为音位组成音节上，但只凭借音节一个方面是不可能组词成句的，同样语义的独立性也是如此，它本身并不能成为独立的直接现实，它只有依附于语音而存在，所以从这个角度和范围来说，这三者不应该是一个层面上的语言成分。当然这里是在以上前提下讨论问题的，因此并不能否认语音和语义在另一个范围内的独立运用性。

如果我们从语言的实际情况来考虑，就不难发现平常所说的"组词成句"的道理。在日常生活中，人们进行交际的时候，最直接的做法就是用语法规则把一个个的词组织起来，形成为一句句的话，以此进行相互交际。所以直接参与交际过程的单位应该是词和语法。不过，这样说并不是把语音和语义排除在外。不可否认，语音和语义也是直接参与者，因为词本身就是音和义的结合体，没有音和义就没有词，但是一旦音义结合形成为词后，词却成了直接参与交际的单位，语音和语义则只能是它的一个组成部分，而不能成为直接参与交际的独立单位。试想一下，如果只有不表义的音，是无法用来组成句子进行交际的，至于只有语义的情况，那更是不可想象的。根据这种语言事实，因此应该说，语言的组成要素首先是由语音和语义形成为词汇，词汇和语法才是直接的组成语言的要素。

## 二 对词汇在语言中的地位和作用的思考

根据以上分析，词汇是语言的组成要素之一，及时而准确地为语言提供造句的材料，应该是词汇的主要功能，这已是不可否认的事实。也正因如此，所以词汇反映社会是最敏感的，它几乎处在经常不断的变动之中，否则词汇的能力和它的功能就会产生矛盾，它就需要从各个方面进行自我调整。

但是词汇在语言中的地位和作用是否仅此而已呢？事实上绝非如此。只要我们留心观察一下，就会发现词汇和语言的各个方面都有着各种各样的联系。其原因就在于词是一个音义结合体，就在于词汇是语言参与交际的最直接最实际存在的单位，词汇是语言的各种成分的具体体现者。

由于词是音义结合体，所以在了解和使用词的时候，对它的语音和语义都不可能忽视，词本身就是语音和语义的载体，对语言这一交际工具来说，离开词，语音和语义都无法体现。当然，如果没有语音和语义，词也无从产生。在词中，语音和语义得到了和谐的统一。因此在语言运用中，人们在接触词的同时，也自然地接触到了语音和语义。

由于词是造句的单位，因此人们的每一句话，都是在语法规则的支配下组词而成的。从实际情况来看，语言中的语法规则，也只有体现在人们的一句句的言语之中，体现在词与词的组合之中，所以可以说，词汇是最实际的成分，是词的组合才使抽象的语法规则得以形成，并被概括出来而成为语法规则存在的现实。

至于文字，它是记录语言的书面符号，所以在书面语言中，文字的功能要求它首先记录的也应该是词，特别是汉字更是如此。

语言的应用与词汇的关系更是毋庸讳言的。只有对词进行具体的运用，才能反映出语言应用中的各种现象，因为只有当词接受语法规则的支配和组合之后，才能形成为言语，只有言语的出现才能使人们的交际行为成为可能。在具体的言语交际中，不仅是词汇本身发生着变化，同时也带动着语音、语义等方面与它一起，程度不同地发生着共变。通过词的运用，出现了词汇、语法与语境的相互联系、相互配合的关系，甚至会产生出非常生动乃至超常搭配的手段，所以通过具体的言语交际，就能够总结出许多丰富多彩的语用模式和修辞方式。由此可见，词汇的应用不仅与语用有密切关系，同时也可使言语交际形成为一个运动着的整体，不断地促进着整个语言系统的发展。

综上所述，我们可以得知，词是语音和语义的结合体，同时也可说明，词又是语音和语义的体现者，如果没有词，语音、语义都将无法成为现实的存在，所以词是语音和语义的载体。从交际角度来看，人们一句句的话又是组词而成的，如果没有词，社会成员也无法组词成句进行交际，所以尽管语言本身永远是一个语音、语义、词汇、语法等缺一不可的结合体，但是如果没有词，其他元素都是无法实现的，因此我们可以说，在语言的诸多元素中，词才是语言的实体。

我们说词是语言的实体，是着重从词汇在语言中的地位和作用方面来谈的，但与此同时，我们也必须强调，词和语言的其他元素又有着密不可分的联系，因此，当我们在学习或研究词汇的时候，决不能把词汇孤立起来，而是必须把它放在与语音、语义、语法、语用等等方面的广泛联系之中，只有这样，才能够完整地观察词汇，也才能深入地分析和了解词汇。就社会上的词汇学习和教学来说，在学习词汇的同时，和其他方面自然地联系起来，也往往是一种自然的现象，如果能够有意识地注意这一点，无论对学习、对研究都将是极为有意义的。

在这里必须说明的是，以上论述虽然着重谈了词汇在语言中的地位和作用的问题，但是却绝对没有排斥语音、语义等学科的意思，语音、语义、语法、修辞、文字以及语用等学科，永远都是语言学研究中独立的分支学科，这些领域中的研究工作及其成果，对整个的语言学研究来说，都永远是有着无可置疑的重要意义和作用的。

# 第二章

# 词和词素

## 第1节　词

词汇是词的总汇，词是词汇中的个体成分，因此要学习词汇，首先就需要明确什么是词。语言是人类最重要的交际工具，在日常生活中，人们就是运用这种工具来组词成句进行交际的。如我们可以用“你”“去”“黄山”“旅游”“吗”这五个词，组成一句“你去黄山旅游吗?”的话，而且一般也可以辨别“我到学校去。”这句话，是用“我”“到”“学校”“去”等四个词组成的，这对汉族人使用汉语来说基本上都是可以弄清楚的。但是如果我们再进一步地问一下，在“大家能在一起过个春节不容易，应该好好地热闹热闹。”这句话中，到底又存在着几个词呢？为什么要说这些小成分是词呢？这些小成分又是怎样从言语片断中分离出来的呢？恐怕大家的回答就不尽一致了。事实上，要明确这些问题，我们首先就必须了解什么是词。

### 一　什么是词

因为词是词汇的个体成分，是语言符号的单位，所以它是词汇学研究的最基本的对象；因为词总是被组织到句子中去充当句子成分，所以在句子中，词和句子成分之间又存在着重合非重合等各种不同的关系；因为词经常被运用来进行信息处理，所以在计算机信息处理中，汉语的词和信息处理中使用的模块式的工程词也很不一致；再者，因为汉语的词又不像印欧语言那样，具有丰富的形态变化，因此要给词下一个全面而确切的定义，的确是比较困难的。在这里，我们仅从词汇学的角度对什么是词做一点探讨。

众所周知，词是语言符号的单位，它是一种凭借声音表示意义的音义结合体，词在交际中的主要功能就是用来组成句子以表达思想，所以词又是组句的备用单位。因此应该说：词是语言中一种音义结合的定型结构，是最小的可以独立运用的造句单位。基于这样的认识，可以确定为词必须具有以下六个特点。

**（一）词必须具有语音形式**

语音是语言的物质外壳，词只有在语音形式的基础上形成和存在，没有语音形式就无所谓词，所以任何一个词都有它自己的语音形式。如“老师”“和”“同学”“都”“来”“了”几个词，尽管它们所表示的意义各不相同，所属的词类也有所差异，但是它们都有自己的语音形式，如“lǎoshī”“hé”“tóngxué”“dōu”“lái”“le”。所以语音形式是词必不可少的要素之一。

**（二）词必须表示一定的意义**

词是一种音义结合体，所以每一个词都必须具有自己的意义内容。如“麦苗”表示的词汇意义是“麦子的幼苗”；语法意义是“名词，可做主语、宾语……”；色彩意义是“中性”。“坚强”表示的词汇意义是“强固有力，不可动摇或摧毁”；语法意义是“形容词，可做定语、谓语……”；色彩意义是“褒义”。又如“奉承”表示的词汇意义是“用好听的话恭维人，向人讨好”；语法意义是“动词，可做谓语、定语……”；色彩意义是“贬义”。“和”表示的词汇意义是“同、与”；语法意义是“连词，表示并列联合关系”；色彩意义是“中性”。

**（三）词是一种定型的结构**

所谓定型是因为词的声音和意义一旦结合在一起，并被语言社会约定为词之后，词就成了一种相对固定的形式，什么样的声音表示什么样的意义形成了一种整体的存在，是定型化了的，一般情况下是不能够随意改变的。所谓结构是指作为词，它也是由其他许多成分所组成，从语音形式方面看，它不仅具有由代表音位的音素组成的音节，而且它本身更是由数量不等的音节组合而成的整体，从意义形成方面看，它是由表示意义的词素按照一定的语法结构方式组合而成的。因此，对一个词来说，无论在语音形式的组成方面，词素的组合方面，还是音和义的结合方面，它都是一个具有内部结构形式的整体。所以词是一种定型的结构。

**（四）词是可以独立运用的**

词作为语言符号的单位，是一个不依赖其他条件而独立存在的个体。人们组句时，可以根据所要表达的意思，选取恰当的词，按照组句的语法规则，组成各种不同的句子。在组句过程中，词是一个可以独立运用的备用单位。如“天气”是一个词，也是语言中一个独立存在的个体，它既可以被人们用来组成“多好的天气啊！”（独语句，“天气”充当中心语），也可以用来组成“今天的天气真好！”（主谓句，“天气”充当主语中心），还可用来组成“天气的好坏不能影响工作的进度。”（主谓句，“天气”充当主语中的定语）。又如“钢笔”，既可以用来做句子的主语，如“钢笔是写字的工具。”又可以用来做句子的宾语，如“我买了钢笔。”“他送给我钢笔。”等。

语言中有一部分词是不能独立成句的，如副词“很”“再”，量词“群”“双”“只”等等。但是必须明确，不能独立成句绝不等于不能独立运用，以上例词虽然不能独立成句，但它们都能被独立运用来造句，而且在句中都能充当某个不可缺少的成分。如在“他很勇敢。”“你再去一趟吧。”“那里有一群人。”“这双袜子只剩一只了。”等句子中，“很”“再”“群”“双”“只”等都是以独立运用的单位被组织到句子中来的，而且从句子的意义上到结构上都是不可缺少的成分。

由此可见，词都是可以独立运用的。正因为词具有这种特点，所以人们可以用它来组成各种不同的句子。

**（五）词是一种最小的单位**

语言中有许多最小的单位，每一种最小的单位都有自己的范围和条件。如音素是从音质的角度划分出来的语音的最小单位，音节是语音结构的最小单位。词也是一种最小的单位，这种最小单位是就造句这个范围而言的，从造句的材料来看，词是最小的不能再被分割的单位。

词作为一个最小的、不可分割的整体，主要表现为它必须表示一个独立而完整的意义。这个意义是特定的，表示着某种特定的事物或现象，所以一般情况下，都不能把词的意义看成为它组成成分的简单相加。因此，词也不能再被分割，否则，这个词就会失去原有的意义而不再存在了，或者因改变了原来的意义而变成了另外的词。例如“地图”一词表示了“说明地球表面的事物和现象分布情况的图”，这种意义是特定的，与它指称的特定事物有着密切的联系。因此，它绝不是泛指一切在地上画的图，同时也不容许再分割成“地”和“图”，如加以分割，那就成为“地”和“图”两个词，当然就不再是“地图”这个词了；它们所表示的也只能是“地”和“图”两个词的意义，而不再是“地图”一词的意义了。由此可见，“地图”作为一个词，是一个最小的单位，是一个不可分割的整体。又如“铁路”是指“有钢轨的供火车行驶的道路”，“戏言”是指“随便说说并不当真的话”。它们都有特定的意义，都与所指称的特定的事物相联系。因此，即使全用铁块或铁板铺成的路也不能称为“铁路”，即使戏剧中所说的话也不能称为“戏言”。“铁路”“戏言”作为语言中的词，都是音义结合的不能再被分割的定型结构，是造句时能独立运用的最小的单位。当然词在意义上的不可分割性，并不能因此也说词具有结构上的不可分析性，因为词是一种结构，所以在结构上词是完全可以分析的。

### （六）词是造句材料的单位

语言中存在着各种各样的单位，因此，我们不能笼统地说词是一种语言单位。从词的功能来看，说它是一种造句单位是比较合适的。当然，词除了用来造句之外，还可以组成词组等，但词的根本用途是用来造句。人们运用语言进行交际的过程，基本上就是组词成句以表达思想，达到互相了解的过程。因此，词是语言符号的单位，也是造句材料的单位。

以上分别说明了词的六个特点。对词来说，这六个特点是统一的，不能分离的，它们互相联系和制约，舍掉任何一个特点，我们都不能全面正确地认识词。

## 二 现代汉语词辨识

### （一）对词的辨认与划分

在以上认识的基础上，我们可以观察分析一下汉语词的实际情况，看一看汉语中哪些成分应该是词。

由于语言是发展的，所以同一个成分在现代汉语和古代汉语中的情况并不完全一致。因此，我们仅从共时的角度，对现代汉语中的情况做以下分析。

在现代汉语中，以下情况应当认为是词。

1. 单音节，有意义，能独立运用造句的成分是词。如：

山 水 土 泥 树 花 草

人 马 鸟 牛 鱼 鸡 蛇

砖 瓦 车 船 书 纸 布

头 手 嘴 脚 心 肝 胃

飞 走 跑 看 摔 碰 丢

红 黄 深 高 大 甜 美

我 你 您 谁 这 那 哪

再 很 都 不 从 向 被

一 二 千 百 个 趟 次

并 而 或 与 啊 呀 吗

2. 两个或两个以上不表示意义的音节，组合在一起后能表示特定的意义，并可独立用来造句的结构是词。如：

蜘蛛 参差 踌躇 吩咐 忸怩

玲珑 忐忑 仿佛 含糊 蹊跷

犹豫 玻璃 蟋蟀 蚯蚓 葡萄

婆娑 玫瑰 徘徊 傀儡 蜻蜓

轱辘 霹雳 唠叨 蹉跎 逍遥

吧嗒 嘎吱 扑通 当啷 哗啦

尼龙 咖啡 沙发 吉普 拷贝

喀秋莎 托拉斯 莫斯科 加拿大

以上例词中的组成成分都是一些不表示意义的音节。像“忐”“忑”“玻”“雳”“葡”等等在任何时候都是不表示意义的。而像“婆”“通”“龙”“沙”“发”“秋”“加”等等虽然孤立存在时，都有各自表示的意义，但在以上例词中，却都是只表音不表意的音节。因为它们本身所表示的意义，与这些结构的形成以及这些结构的意义都毫无关系，在这里只是借用它们的语音形式而已。

3. 一个或一个以上不表示意义的音节，和一个表示意义的音节组合在一起，表示着特定的意义，并可独立用来造句的结构是词。如：

啤酒 卡车 酒吧 沙皇 卡片

卡介苗 法兰绒 霓虹灯 卡宾枪

太妃糖 布鲁氏菌 爱克司光 高尔夫球

这类词的特点是:不表意的部分都是摹声而成的;有的是模拟外语词的声音,个别是模拟自然界的声音。但是不论哪种情况,在汉语中,这些不表意的部分都是不能独立存在和运用的,只有当它们与某个表意的成分组合在一起,形成了一种修饰和被修饰、限制和被限制的关系以后,这些摹声成分才能显示出它们的某些表意作用。如"啤酒"的"酒"原是"酒的通称",当和"啤"组合后,"啤"对"酒"起了修饰限制的作用,从而使"啤酒"成为指称某一种酒而言了。又如"酒吧"中的"吧",原是从外语词"bar"摹声而成,"bar"原为"酒馆"的意思,但是在汉语中,"吧"却是一个不能独立表意和存在的成分,经过与"酒"组合以后,"酒"对"吧"起了修饰限制的作用,只有这时,"吧"的意义才能被显示出来。"酒"和"吧"共同形成了"酒吧"这一新的结构,并成了能表示特定意义的可独立运用的成分。汉语中这种情况的结构都应视为词。

4. 表意的成分和已虚化的成分相组合,表示特定的意义,并可独立用来造句的结构是词。如:

阿姨　老虎　老鹰　第二　初五

石头　想头　甜头　房子　扣子

聋子　泥巴　哑巴　忽然　突然

合乎　出乎　摔搭　扭搭　电器化

自动化　黑乎乎　酸溜溜　甜丝丝

这些结构中的所谓虚化的成分,是指它们在词汇意义方面已经虚化,已没有明显的表示词汇意义的作用了。如"帘子"的"子"和"鱼子"的"子","木头"的"头"和"地头"的"头"就完全不同,它们的前者都是虚化成分,后者都表示实在的词汇意义。不过这些虚化成分在词汇意义虚化的同时,却获得了明显的表示语法意义的作用。如上例中的"阿""头"等就有标志名词的作用,"化"则具有标志动词的作用,"乎乎""溜溜"等则都是标志形容词的虚化成分了。

5. 一个不能独立运用造句的表意成分，重叠后可以独立用来造句了，这一重叠后的新结构是词。如：

伯伯　孙孙　怏怏　嶙嶙　绵绵

纷纷　茫茫　悄悄　渐渐　巍巍

郁郁　勃勃　默默　朗朗　奄奄

凛凛　恰恰　荧荧　蠢蠢　匆匆

有一些词在现代汉语中还存在着单用和重叠两种形式。特别是一些表亲属称谓的词，如“妈——妈妈，姑——姑姑，叔——叔叔，舅——舅舅”等情况颇多；其他还有表一般事物名称的词，如“星——星星，棒——棒棒，道——道道，棱——棱棱”等等。这些词的两种形式，表示着相同的意思，这是在词汇的发展和交替中，词的两种形式并存的现象。这类词有时可以毫无区别地出现在同一种语境中，如“妈妈，我回来啦。”有时也应视语境的需要而有所选择。如“我的妈妈是一个很坚强的人。”这里的“妈妈”就不宜用“妈”来代替。这是由语境、语感和语用等多种条件所决定的。

以上重叠结构的形成，是汉语词汇逐渐由单音向双音化发展的结果；同时，模仿儿童语也具有一定的影响。

汉语中还有一种重叠结构，它是由一个能够独立运用造句的表意成分重叠而成，重叠后在基本意义不变的情况下，增加了某些语法意义和作用。这类情况都是词的构形形式，因此这样的重叠结构应该当作一个词看待。汉语中这样的重叠结构，如：

人——人人
家——家家
年——年年
趟——趟趟
回——回回

} 重叠后在基本意义不变的情况下，增加了表示逐指的作用。

| | | |
|---|---|---|
| 想——想想<br>看——看看<br>试——试试<br>尝——尝尝<br>扫——扫扫 | } | 重叠后在基本意义不变的情况下，增加了表示短暂的或表示尝试的作用。 |

| | | |
|---|---|---|
| 狠——狠狠（地说）<br>重——重重（地打了下来）<br>高——高高（的个子）<br>甜——甜甜（的味儿）<br>红——红红（的脸儿） | } | 重叠后在基本意义不变的情况下，增加了表示加强或表示轻微和适中的作用。 |

这类重叠结构和“弟弟”“纷纷”等在性质上完全不同。“弟弟”“纷纷”是在“弟”“纷”不能单用的情况下产生的新形式的词，“人人”则是“人”一词的变形，它是在“人”仍然单用的情况下，为表示不同语法意义而进行的同一词的不同形态变化（详见“构形法”部分）。正因为这种重叠形式是同一词的不同变化形式，所以，像“人人”“趟趟”“想想”“狠狠”等仍然是一个词。我们在辨认词的时候，绝不能把“人人”等当作两个词看待。

6. 一个表示意义的成分重叠以后，表示了新的意义，可以独立运用造句，这样的重叠结构是词。如：

| | | | | |
|---|---|---|---|---|
| 落落 | 斤斤 | 区区 | 熊熊 | 统统 |
| 鼎鼎 | 源源 | 翼翼 | 断断 | 涓涓 |
| 奕奕 | 济济 | 津津 | 昂昂 | 堂堂 |
| 万万 | 通通 | 往往 | 奶奶 | 太太 |

分析这类词，它的构成成分有两种情况：一种是像“落”“斤”“区”“万”“通”“断”等等，这些表意成分本身也可以独立成词；另一种是像“翼”“奕”“济”“涓”“津”等等，在现代汉语中，它们只有重叠后才能成

词。这两种情况尽管不同，但却具有共同的特点，即这些成分本身都是表意的，而且重叠后表示的意义，从现在的共时角度看，和它们原来表示的意义都不相同。不过我们也不能否认，如果从历时的角度观察其意义变化的话，有些词的意义演变还是有源可查的。

7. 两个表示意义但不能独立运用造句的成分相结合，形成一个新的结构，表示新的意义，并能独立运用造句的是词。如：

牺牲　丰茂　监督　参观　茅庐
融洽　梭镖　坦率　韬略　颓靡
委婉　纨绔　咆哮　承袭　诬蔑
瞻仰　酝酿　义愤　哀悼　昂首
赞颂　苍翠　怜悯　态势　迅捷
疏忽　枢纽　羡慕　晓畅　业绩
习尚　危惧　业务　袭击　勘察
萧索　康复　蕴含　遵循　模拟

8. 一个表示意义又可独立运用造句的成分，和一个表示意义但不能独立运用造句的成分组合在一起，形成了新的结构，表示新的意义，并能独立运用造句的是词。如：

学习　人民　简短　借鉴　宁静
取材　深奥　浓郁　朴厚　鬼祟
崇高　肤浅　华美　幽香　蔚蓝
透彻　思路　冷饮　人杰　幼苗
对偶　颂歌　借故　解剖　逃遁
杀戮　冲锋　抽搐　独创　反击
蒲绒　藏匿　旧历　碧空　卫兵
菊花　鲤鱼　茅草　芹菜　松树

上列例词中的各个组成成分都是能够表示意义的，但它们的情况却有所不同。如“学习”中的“学”，“人民”中的“人”等不但可以表示意义，而且在现代汉语中都能独立成词。可是“习”“民”等成分，虽然也能表示意义，但现在却不能独立成词了。凡是由这样两种成分组合在一起，既能表示新义，又能独立用来造句，这种新的结构都应看作是词。

9. 一个表意但不独立运用的成分，在具体的语境中，如果被独立运用造句时，也应视为词。如现代汉语中，人们不说“民”而说“人民”，不说“子”而说“孩子”或“儿子”，但在具体的语境中，却可以说“爱民如子”，在这里，“民”和“子”都是被独立运用的。又如大家不说“摄”而说“摄影”或“拍摄”，但却可以说“本报记者摄”；不说“发”而说“头发”，但却可以说“理了理发”“理了个发”等。在这些语境中，我们不能否认，这些成分是被独立运用造句的，它们这时都已具备了词的六个条件，而且起着词的作用。所以在具体的语境中，这些成分都应该看作是词。

10. 两个或两个以上表示意义的又可独立运用的成分相组合，形成新的结构，表示新的意义，并能独立用来造句的是词。如：

白菜　马车　道路　剪纸　信心

电灯　草药　地球　小说　祝词

快车　绿茶　冷淡　弱小　笨重

发动　带头　打捞　出借　想象

印染　光滑　空前　向往　到来

书本　船只　车辆　人口　布匹

毛玻璃　螺丝刀　山水画　皮凉鞋

走读班　说明书　双眼皮　落花生

这类词的特点是：它们的组成成分都能表示一定的意义，而且都能够独立成词。如“白菜”的“白”和“菜”，“毛玻璃”的“毛”和“玻璃”，“山水画”的“山”“水”和“画”，或者“山水”和“画”，“皮凉鞋”的“皮”“凉”和“鞋”，或者“皮”和“凉鞋”等，都表示着一定的意义，并可以独立成词。因此，辨认这部分词就显得比较困难。通常人们感到词和词组难以分辨的情况，就是出现在这部分词当中。

在辨认这部分词时，我们应该注意的仍然是“词是音义结合的定型结构”这一特点。词一旦形成后，就是一个表示特定意义的不可分割的整体，是一个独立的造句单位，因此，一般情况下，词的意义绝不等于它的组成成分意义的简单相加；同时在结构形式上，词也不能按照它组成成分之间的语法关系随意扩展。以“白菜”为例，它作为一个音义结合的定型结构，表示的意义是“二年生草本植物，叶子大，花淡黄色。品种很多，是普通蔬菜。也叫大白菜。”可见它是指称一种蔬菜的名称，而不是指“白的菜”。“白菜”和“白的菜”表示的意义完全不同，“白菜”作为一个具有定型结构，表示特定意义的词来说，是绝不能被扩展的。同样的道理，“马车”也不能扩展成“马的车”或“马拉的车”，“道路”也不能扩展成“道和路”，“剪纸”也不能扩展成“剪着纸”或“剪了纸”，而“毛玻璃”当然也不能扩展成“毛的玻璃”。由此可见，词这种音义结合的定型结构，是不能被扩展的。我们根据这一点，就可以把这一类型中的大部分词分辨出来。

以上十类词中，前九类和第十类中的大部分词，都是很容易辨别清楚的，只有第十类词中的少量的词，容易出现和某些词组不易分清的问题，这是因为第十类词的组成词素都是可以独立形成为词的缘故。对这一情况，我们在下面分别做一分析。

**（二）词和某些词组的区分问题**

总的说来，汉语中词和词组的区分还是很明显的，一般情况下，并不会发生混淆。至于前面第十类中的少量词，容易出现和词组不易分清的问题，分析这些现象，可以初步整理为以下四种类型。

1. 在汉语词汇中，的确有一些组合体具有两种不同的性质。如“江湖”它可以表示“旧时泛指四方各地”或者“旧时指各处流浪靠卖艺、卖药等生活的人，以及这种人所从事的行业”等意义，这时“江湖”是一个表示特定意义的不容再分割的造句单位，是一个定型结构，所以是一个词。但是有时“江湖”的确又是表示“江”和“湖”的意思。如“祖国的江湖多美啊!”中的“江湖”,就可以分割成“江”和“湖”两个词,分别表示着“江”和“湖”两种不同的事物,这时的“江湖”并不具备词的条件,它只是“江”和“湖”两个词的临时组合,所以是一个词组。下列各例也是这种情况。

笔墨:指称“文字或文章”的意思时是词,表示“笔”和“墨”两种事物时是词组。

山水:指称“山上流下来的水”,或者“泛指有山有水的风景”,或者“指以风景为题材的中国画”等意思时都是词,单纯表示“山”和“水”的意思时是词组。

妻子:指称“男子的配偶,与‘丈夫’相对”的意思时是词,表示“妻”和“子”两种意思时是词组。

红花:指称“一年生草本植物,叶子互生,披针形,有尖刺,开黄红色筒状花的植物”或者指称“一种中药材”的名称时是词,表示“红色的花”时则是词组。

2. 汉语词汇中,有少数组合体的确是可以扩展的,扩展后的意义和原来的意义基本一样。如“象牙——象的牙”“牛奶——牛的奶”“羊肉——羊的肉”“猪肝——猪的肝”“牛角——牛的角”等等。但是我们仍然认为“象牙”“牛奶”“羊肉”“猪肝”“牛角”等是词,“象的牙”“牛的奶”“羊的肉”“猪的肝”“牛的角”等则是词组。因为,只要我们观察一下,就会发现在同一个语境中,“象牙”“牛奶”等形式,是不能用“象的牙”“牛的奶”等形式来进行代替的。如我们可以说“这是象牙雕刻。”却不能说“这是象的牙雕刻。”可以说“我买了两盒牛奶糖。”却不能说“我买了两盒牛的奶糖。”可见像这类词,在语言的实际应用中,一般都是不能扩展的。从这里我们也可看出,这些词的组成成分的结合,也具有一定程度的不可分性;此外,从社会上的使用情况来看,这些词作为一个整体,被人们使用的频率也相当高,这一切都能够证明“象牙”“牛奶”等都是一个表示着特定意义的定型结构，它们是词而不是词组。当然“象的牙”“牛的奶”等形式都是词组，它们从结构到性质都是和“象牙”“牛奶”等完全不同的。

3. 汉语中还存在着像“抓紧”“打垮”一类的词，它们的组成成分都可以独立成词，它们本身也可以进行扩展，例如“抓紧”可以扩展为“抓得紧”“抓不紧”，甚至还可以扩展成“抓得紧不紧”，“打垮”也能扩展为“打得垮”“打不垮”等，所以辨认这部分词的确比较困难。对这类词我们可以试从两个方面去认识：一方面，我们应该看到，虽然这些词可以扩展，但是在许多具体的语境中，它们不但不能扩展，而且其组成成分结合得还相当紧密。如“我们必须抓紧时间学习”中的“抓紧”，“坚决打垮反动派”中的“打垮”，就不能进行任何的扩展。根据语言中实际运用的情况，它们具有一定的完整性和定型性，在具体的语境中，它们是不能够用扩展的形式来代替的，所以应该认为这些组合体是词。另一方面，我们分析比较一下就会看到，像“抓紧”“打垮”这类结构，它们表示的意义，在其组成成分的意义基础上也有所融合，也体现出了一定的整体性和概括性。如“抓紧”就已融合为“不放松”的意思，“打垮”也已融合为“推翻”的意思，它们各个组成成分的意义，在实在性和具体性方面，都程度不同地有所削弱。当然，各个词在发展过程中的情况是各不相同的，如“分清”“搞好”等词的意义，融合的程度就比较差。然而应该肯定，这类词也是汉语词汇中的一个类型，从发展趋势看，它们的意义将会沿着由分散到融合，由具体到抽象概括的道路发展下去。

4. 离合词的问题。所谓离合词就是指某些词可以经常被拆开使用的情况。离合词通常有两种情况：一种是其组成成分本身都能够独立成词。如：

起床：“起了床”“起不了床”

帮忙：“帮个忙”“帮了忙”“帮不了忙”

握手："握着手""握过手""握了一次手"

伤心："伤了心""伤什么心"

另一种情况是有的组成成分在现代汉语中只能表意，却不能独立成词了。如：

鞠躬："鞠了个躬""鞠一个躬"

革命："革谁的命""革反动派的命"

敬礼："敬了个礼""敬一个礼"

洗澡："洗了澡""洗个澡""洗了个澡"

以上例词中的"鞠""躬""革""礼""澡"等成分，现在都是不能独立成词的。

以上两种情况尽管有所不同，但它们却共同具有可以离合的特点。对这类词应该认为：未扩展的是词，扩展了的都是词组，但是不能认为未扩展时也算词组。因为这些离合词扩展前后的意义是不一样的。如"起床""鞠躬"等词，它们表示的都是一种动作，但是经过扩展后的"起了床""鞠了个躬"等，则是表示与这种动作有关的情况了，而且不同的扩展形式表示的意义也不相同。由此可见，这些词在扩展前，它们都是表示特定意义的不可分割的整体，是充当造句单位的词。扩展以后，它们的组成成分本身就具有了词的特点，并且都以词的资格参与了扩展后的各个词组的构成，就是那些在现代汉语中已不能独立成词的成分，如"鞠躬"的"鞠"和"躬"等，在这具体的语境中，也可以当作独立的词来看待了（见辨析中的第九条）。

汉语中分辨词和词组是一个很复杂的问题，因此，除以上四种情况外，音节的多少以及读音方面和形态方面表现出来的某些特点，也可作为分辨时的参考。

以上从两个方面谈了对汉语词的辨析问题。根据这种认识，我们可以把下面两段文字中的词具体切分如下。

词以"____"标出，"____"下的数字标明该词属于以上十种情况中的某一种。

第一段，臧克家：《有的人》。

有 的 人 活着
1 1 1 1
他 已经 死了；
1 10 1
有 的 人 死了
1 1 1 1
他 还 活着。
1 1 1

有 的 人
1 1 1
骑 在 人民 头 上："呵，我 多 伟大！"
1 1 8 1 1 1 1 1 8
有 的 人
1 1 1
俯下 身子 给 人民 当 牛马。
8 4 1 8 1 10

有 的 人
1 1 1
把 名字 刻 入 石头，想"不朽"；
1 10 1 1 4 1 8
有 的 人
1 1 1
情愿 作 野草，等着 地 下 的 火 烧。
10 1 10 1 1 1 1 1 1

有 的 人
1 1 1

他 活着 别人 就 不 能 活；
1 1 10 1 1 1 1
有 的 人
1 1 1
他 活着 为了 多数 人 更 好 地 活。
1 1 10 10 1 1 1 1 1

骑 在 人民 头 上 的
1 1 8 1 1 1
人民 把 他 摔 垮；
8 1 1 1 1
给 人民 作 牛马 的
1 8 1 10 1
人民 永远 记住 他！
8 10 10 1

把 名字 刻 入 石头 的
1 10 1 1 4 1
名字 比 尸首 烂 得 更 早；
10 1 7 1 1 1 1
只要 春风 吹 到 的 地方
10 10 1 1 1 10
到处 是 青青 的 野草。
10 1 1 1 10
他 活着 别人 就 不 能 活 的 人，
1 1 10 1 1 1 1 1 1
他 的 下场 可以 看 到；
1 1 10 10 1 1

他 活着 为了 多数 人 更 好 地 活着 的 人，
1 1 10 10 1 1 1 1 1 1 1
群众 把 他 抬举 得 很 高，很 高。
8 1 1 10 1 1 1 1 1

第二段，茅盾：《白杨礼赞》中的一段。

它 没有 婆娑 的 姿态，没有 屈曲 盘旋 的 虬枝。也许
1 10 2 1 7 10 10 8 1 8 10
你 要 说 它 不 美。如果 美 是 专 指“婆娑”或“旁 逸 斜
1 1 1 1 1 1 10 1 1 1 1 2 1 1 9 1
出”之 类 而 言，那么，白杨树 算 不 得 树 中 的 好 女子。
1 1 9 1 9 4 10 1 1 1 1 1 1 1 8
但是 它 伟岸，正直，朴质，严肃，也 不 缺乏 温和，更 不
10 1 8 10 7 8 1 1 10 10 1 1
用 提 它 的 坚强 不屈 与 挺拔，它 是 树 中 的 伟 丈夫。
1 1 1 1 8 10 1 10 1 1 1 1 1 9 8

第一段中的“＿＿”者，短横指的是词，长横指的是这一词的构形形式。“活着”“等着”“死了”中的“着”“了”，有的人当作助词看待，事实上，它们附着在动词后面，有表“进行体”和“完成体”的作用。因此，这里都把它们看作用以构形的词尾。“青青”也是“青”一词的构形形式，构形后有加强原词语义的作用。

# 第2节 词 素

## 一 什么是词素

词是由它的组成成分组成的，词的组成成分就是词素。词素也

是一种音义结合的定型结构,是最小的可以独立运用的词的结构单位。所谓词的结构单位是指形成词的各种单位来说的,总体看来,词的这种结构单位可表现为三种情况:第一种是造词单位,这是词素的最主要的功能,任何的词都是由词素组合而成的。第二种是构词单位,这是从构词的角度来说的,事实上构词单位和造词单位是相一致的,它和造词单位有着同等重要的作用。第三种是构形单位,这是在词形变化方面起作用的词的结构单位。在词的内部存在着的这几种结构单位,都是词的结构成分,因此都是词素。

从以上对词的界定来看,词素和词除了充当的单位不同之外,其他的特点都是完全一样的,这一点并不奇怪,相反倒使我们可以进一步了解两者的区别及其性质。就它们所充当的单位来说,词是造句单位,词素却是存在于词的内部的词的结构单位,并主要充当造词和构词单位。这种完全不同的性质和功能,正说明了两者具有的本质区别。所以词和词素是绝不能混同的。词和词素除了其充当的单位和性质功能不同以外,两者的其他特点却完全一样,而且还会共同存在于一个外部形体之中。这又从另一个方面说明了词和词素有着相互的联系和关系。词和词素都是一种定型化了的音义结合体,都是“最小的”“可以独立运用”的单位,但是由于两者的性质功能不同,所以表现这些特点的范围和条件也自然各有差异,它们的作用相应地都要受到各自的性质功能的制约。对词来说,“最小的”“可以独立运用”的特点是在造句的范围内体现出来的,如“青山”“绿水”是两个词,人们可以用它们和其他的词一起组成句子,如“我爱祖国的青山绿水。”它们的作用只能在造句的范围内体现出来,却未能进入到造词范围之中去。对词素来说,这些特点则只能在造词范围内体现出来。如“参观”一词是由“参”和“观”两个词素组成的,“参”“观”都是一种定型化了的音义结合体,都是“最小的”“可以独立运用”的造词单位,它们不但可以组成“参观”,而且“参”还可以与另外的词素组成

"参加""参阅""参考""参谋""参照""参赛""参与""参看"等等,"观"也可以与其他词素组合成"观察""观点""观望""观赏""观众""主观""乐观""可观"等等,尽管它们组成的词很多,但却都是在造词范围之内进行的,在现代汉语中,它们都不能独立用来造句了。当然有的成分是能够兼有两种性质的,在某种条件下它就可以把某种性质凸现出来,这是因为有的词是用可成词词素组成的,如"山",它可以表现为是一个由可成词词素组成的词,可以用来组成句子,同时"山"又可表现为是一个可成词词素,所以它不仅可以组成"山"一词,而且还可以以词素的身份参与组合其他的词,"山"的这两种性质共同存在于"山"这一外部形体之中,但是这两种性质如何被表现出来,却必须根据它被使用的实际情况具体分析和对待。有的成分在古代汉语中和现代汉语中都可能是用可成词词素组成的词,因此它在汉语的历史发展过程中,都可以既能充当词素也能当作词,如前面的"山"就是如此。另外还有一种情况,那就是某个成分在古代汉语中,它是由可成词词素组成的词,但发展到现代汉语阶段,它却由可成词词素变成为非词词素了,如上面谈到的"参"和"观"就是这种情况,它们在古代汉语中都是可成词词素组成的词,所以都可以作为词参加造句,可是现在它们随着"参"和"观"独立造句功能的消失,都已经变为非词词素了,都成了只能参与组词而不能参与造句的成分。由此可以看出,词和词素正因有许多相同的特点,所以词素类型的变化和词与非词的变化是可以同步进行的(关于词素的类型问题,下面再做具体的论述)。

## 二 关于合成词素

### (一)何谓合成词素

合成词素是一种由合成词发展演变而成的词素。如"孩子头"中的"孩子","纸老虎"中的"老虎","教师节"中的"教师","豆腐皮”中的“豆腐”等。所以称它为合成词素，是因为这些成分作为一个合成后的整体，可以具有词素的性质，实现着词素的功能。如人们在造“孩子头”这个词时，绝不是把“孩”“子”“头”三个部分分离开同时选来造成“孩子头”的，而是在人们掌握的语库中，已经有了“孩子”这一整体形式，人们是选用“孩子”和“头”两个部分来造词的，所以，这时的“孩子”这一成分已经以整体的形式参与了造词活动，而且获得了词素的性质和功能。这样的成分就称为合成词素。

在了解合成词素的时候，必须注意，绝不能将合成词素与貌似合成词素的成分混为一谈，如“电热毯”中的“电热”，“高射炮”中的“高射”，“三字词”中的“三字”，“蘸水笔”中的“蘸水”等等都不是合成词素，因为这些成分在组词之前，就不是一个约定俗成的整体，更不是一个合成词，虽然其中的“三字”“蘸水”等成分能够表示一定的意义，但它们不过是自由词组而已，至于“电热”“高射”等就更不是完整的成分了。所以这些词的组合，都是人们根据表达的需要，同时选用了三个词素进行组合从而造成新词的，因此这些词都是由三个部分组成的。

**（二）合成词素的性质特点**

合成词素作为一种词素，它和其他的词素具有相同的性质和特点，当然也具有相同的造词功能，所以它是能够参与造词的单位，因此我们不应该把这些成分排斥在词素的范围之外。对于一个合成成分来说，它能不能充当合成词素，主要是观察分析它是否符合词素的条件，是否具备词素的性质和功能，凡是具备了词素的条件、性质和功能的合成成分，就应该承认它是词素。虽然这些成分是合成的，但是作为词素来说，在意义上它也是一个不可分割的可以独立运用的造词的最小单位，它在结构上的可分析性，并不能否定它在意义上的不可分割的整体性。所以在语言中，合成词素和单纯词素一样，都是造词的备用单位。过去有的文章中，曾把这类情况称作“语素组”，事实上这样命名有其不准确的地方，因为在语言的造词活动中，参与造词的语素组并不止一种，如“洗衣”“喝水”“削发”甚至“高射”等成分都可以被认为是语素组，这些成分也可以组词，如组成“洗衣机”“喝水杯”“削发器”“高射炮”等等，但是这些成分却不是合成词素。如果再宽泛一点来说，像“洗衣机”这样的形式能不能也算是语素组呢？在语法当中，词组加上语调就可以直接成为句子，那么，像“喝水”“高射”“洗衣机”这样的语素组是否也能直接成为词呢？在什么条件下才能成为词呢？由此可见，语素组的说法是不可取的，因为它会把许多不同的问题都混同在一起，而且不容易立刻解释清楚。

**（三）合成词素的形成**

合成词素的形成是语言词汇发展的一种必然结果。从语言运用方面看，合成词能够发展演变为合成词素，这种转化是完全必要的，而且也是完全可能的。因为人们在社会交际中，不但可以用指称某种事物的合成词组成句子，而且也可以用它来描写和说明某些具体事物的某种特征，如说明身上长着像梅花花纹的鹿，就可以命名为“梅花鹿”；说明由国家机关组织出版的报纸就可以叫它“机关报”；反之，人们也可以用其他成分对合成词表示的事物进行说明，如“红领巾”“垂杨柳”“皮上衣”“超短波”等，这样运用的结果，就有可能将合成词当作合成词素来应用。从词和词素的关系看，合成词在运用中转化为合成词素也完全可能，这是与词和词素在所具特点上的共同性分不开的，由于这两者除了性质功能和充当的单位不同以外，其他的条件都是一样的，这就为合成词转化为合成词素提供了理论上的根据和可能。所以说合成词转化成为合成词素是语言词汇的历史发展的必然。同时，事实也足以证明，合成词素的出现并不会影响到合成词的依然存在，这种现象只能说明该语言成分具有词的性质功能之外，又同时具有了词素的性质和功能而已。

合成词素和单纯词素虽然都是词素，但是两者也有不同的地方，其主要的不同就是：单纯词素一般都是与它造成的单纯词同时共生的，因此许多单纯词素都可以是可成词词素，如“人”“天”“葡萄”“仿佛”等等；合成词素却是由合成词发展演变而来，它是合成词在社会上长久使用的结果，所以大部分成为合成词素的合成词都是人们使用频率相当高的词，正因如此，才使这部分合成词具有了极强的凝固性，也才能使这部分词进而发展并转化为合成词素，所以社会上的高频使用，应该说是形成合成词素的极为首要的条件。正因为合成词素是如此发展而来，而合成词形成之初又是由单纯词素或单纯词素与合成词素组合而成，它是一个被组合而成的整体，是一个可以独立运用的词，所以合成词素都不可能是可成词词素，当合成词演变为词素后，它总是以非词词素的身份再和其他词素一起造成新词，它仅仅是以整体的形式充当新词的一部分。

由于合成词素是由合成词发展而来，所以从合成词素最初形成的形式来看，的确是由单纯词素组合而成的，但是在这里必须搞清楚，单纯词素最初形成的是合成词，却绝不是合成词素，在语言发展的任何时候，从来都不存在由单纯词素直接组成合成词素的现象，单纯词素只能组合成为合成词，合成词素是经过了合成词被长期使用的阶段之后演变而来的，它的形成必须有一个合成词发展演变的过程，所以应该说合成词素是由合成词发展和转化而成的一种词素。

**（四）合成词素的作用**

合成词素的存在是语言词汇日益发展的一种必然现象，它和所有的词素一样，具有造词的功能。当前在现代汉语中，用合成词素造成的三音节以上的合成词日见增多，有的合成词素还具有相当强的能产性。如：

自然：自然村　自然界　自然力　自然美
自然法　自然光　自然物　大自然
自然主义　自然规律　自然经济

旅游：旅游团　旅游图　旅游者　旅游热
旅游袋　旅游鞋　旅游车　旅游点
旅游帽　旅游装

教育：教育部　教育家　教育界　教育司
教育厅　教育局　教育处　教育系
教育学　教育网

交通：交通部　交通局　交通站　交通线
交通车　交通岛　交通壕　交通沟
交通员　交通量

工作：工作日　工作服　工作者　工作证
工作组　工作团　工作台　工作间
工作面　工作餐

塑料：塑料袋　塑料鞋　塑料盒　塑料桶
塑料管　塑料布　塑料板　塑料碗
塑料椅　泡沫塑料

以上列举的合成词素，其能产性都是比较强的。其他组词少一些的如“土豆”可以造成“土豆泥”“土豆丝”“土豆片”，“前提”可以造成“大前提”“小前提”，“细胞”可以造成“白细胞”“红细胞”，“包装”可以造成“软包装”，“学生”可以造成“学生会”，“研究”可以造成“研究室”等等则更是到处可见的了。

以上情况不仅展现出了合成词素的造词功能，而且更显示出了它在造词过程中快捷迅速表达准确等特点。由此可见，合成词素在语言词汇中的形成和存在，不仅是必然的，而且也是完全必要的。

## 三　词素的分类

和对其他语言成分的分类一样，我们对词素的分类也可以从各种不同的角度入手。在这里我们仅从共时平面上，根据词素在词的组合中表现出来的各种不同的情况,将词素做以下的分类。

**(一)语音形式方面**

从语音形式方面分析,可以将词素分为单音词素和多音词素两种类型。只有一个音节的称为单音词素,如“人、天、水、山、手、心、树、草、红、光、房、物、兴、彩、平、面、万、千、十、一、二”等等。具有两个或两个以上音节的称为多音词素,如“葡萄、蟋蟀、蹉跎、朦胧、仿佛、忐忑、工作、旅游、法兰西、莫斯科、歇斯底里”等等。

**(二)内部结构方面**

从词素的内部情况来看,可以将词素分为单纯词素和合成词素两种类型。只有一个成分构成的称为单纯词素,如“书、纸、证、官、南、非、极、逍遥、玻璃、拷贝”等等。具有两个或两个以上成分构成的称为合成词素,如“参谋、催眠、黄牛、美术、矛盾、科学”等等。

**(三)语言功能方面**

从语言功能方面分析,词素又可以分为可成词词素和非词词素两种类型。可成词词素是指这种词素不仅可以作为词素能够和其他词素一起组合成词,而且还能够单独构成一个词,也就是说它本身是可以独立构成词的,如“花、好、多、玫瑰、柠檬”等。非词词素是指这种词素只能和其他词素进行组合来构成新词,却不能单独地构成一个词了,如“策、希、访、昌、朴、毕、研、幽、迫、恰、首、咨”等等。因为在语言的发展过程中,词素的类型会发生各种各样的变化,因此,要确定一个词素属于哪种类型,则必须从共时的角度进行观察和考虑,就汉语来说,有许多成分,在古代汉语中完全可以充当可成词词素,但发展到现代汉语阶段却变为非词词素了。例如以下的各个成分都是这样。在古代汉语中,

民:可以说“利于民而不利于君”(《左传·文公十三年》),“民”为“百姓”义。

兴:可以说“汉兴,至孝文四十有余载”(《史记·孝文本纪》),“兴”为“兴起”“建立”义。

习：可以说“民习以力攻难，故轻死”（《商君书·战法》），“习”为“习惯”义。

敏：可以说“敏于事而慎于言”（《论语·学而》），“敏”为“迅速”“敏捷”义。

务：可以说“务耕织”（《过秦论》），“务”为“致力”“从事”义。可见这些成分在过去曾经都是以词的面貌出现过，作为它们的组成词素来说，都是可成词词素，但是在现代汉语中，它们却是只能成为组词的非词词素了。

在现代汉语中，可成词词素和非词词素除了有以上情况外，还有一种情况也应引起我们的注意，那就是外来词素逐渐被社会确认的问题。

随着外来成分的不断引入，汉语中不但产生了外来词，而且也逐渐出现了外来词素。从目前情况看，外来词素可表现为两种类型：一种类型是音译成分逐渐变成为词素，其中一部分，从其成为汉语外来词开始，它作为可成词词素就和外来词同时产生了，发展到现在，这部分可成词词素已可以和其他词素组合造词了，如“咖啡”不但能单独组成“咖啡”一词，而且现在已经参与组成了“咖啡茶”“咖啡糖”等词；还有一部分音译成分，它们原来只不过是外来词的一个组成部分，但是现在却可以独立出来与其他词素一起组合造词了，如“啤酒”的“啤”，现在就可以参与组成“青啤”“扎啤”等，“的士”的“的”，现在也可以用来组成“打的”“面的”“轿的”等词了，像这一类的词素，目前还都属于非词词素的类型。另一种类型是外语字母的直接引入形成的词素，如“B超”的“B”，“O型环”的“O”就是这一类型的词素。当然这类词素都是非词词素，它们都是不可能单独构词的。

**（四）性质和表意方面**

从词素的性质和表意方面分析，可以将词素分为词根词素和附加词素两种类型。词根词素通常也称作词根，它具有实在的词汇意义，是组成新词词干的主要部分，同时也是形成新词词汇意义的主要承担者，如“人、心、小、水、核心、光明、实力、人造革、日计表、录像带、冷处理”等词中的“人、心、小、水、核、心、光、明、实、力、人、造、革、日、计、表、录像、带、冷、处理”等等都是词根词素，同时也可以明显地看出，是这些词根词素组成了以上各词的词干，而且承担起了形成新词的词汇意义的任务。由此可见，词根词素是词素中的主要的成分，它在词素中的地位和作用都是非常重要的。汉语中的词根词素非常丰富，可成词词素和绝大部分的非词词素都可以充当词根词素，汉语词汇正是在这样的基础上，才能够源源不断地形成纷繁多样的新词。

附加词素是附加在词根词素上表示语法意义和某些附加的词汇意义的词素。它又有词缀词素和词尾词素之分，这些词素都是词的结构成分，因此都是词素的一种类型。由于附加词素都是附加在词根词素上，所以它们当然都是非词词素。

词缀词素通常也称作词缀，它可以附加在词根上共同组成词干，所以词缀也是组成词干的词素。词缀词素又有前缀、中缀和后缀三种情况。前缀是用在词根词素前面的词缀，如“老虎、阿姨、第一、初五”中的“老、阿、第、初”等；中缀是用在词根词素中间的词缀，汉语中的中缀极为少见；后缀是用在词根词素后面的词缀，如“石头、甜头、桌子、担子、鸟儿、泥巴、尾巴、姑娘家、孩子家”以及“黄乎乎、滑溜溜”等词中的“头、子、儿、巴、家、乎乎、溜溜”等都是后缀。

词尾词素是附加在词干后面只表示语法意义的词素，通常也称作词尾。一个词具有词尾词素时，只能说明该词已形成了表示不同语法意义的形态变化，却不能说这是形成了新词，因为词尾词素只是表示一个词的不同形态变化的构形词素，却没有构成新词的功能，所以它作为词的结构成分出现时，并不等于产生新词。

词的附加词素一般都是由词根词素虚化而来的，当某个词根词素在长期应用中，由于使用习惯和使用条件相互作用的结果，有可能使它的词汇意义变得空零了，弱化了，从而虚化成为表示某种类型的语法意义的附加词素，如“头”“子”等表示名词性语法意义的后缀就是这样，这里运用的已经不是它们原来的词汇意义了。在现代汉语中，像“性”“化”这些成分已经在发展演变中虚化了一个相当长的过程，而且已经被人们共同认可为可以充当后缀成分了，但是它们的词汇意义仍然还存有明显的痕迹。至于那些被称为准词缀的成分，如“师”“员”“手”“热”之类，由于它们的词汇意义还非常明显，在实际运用中，它们仍然是以词根词素的性质出现的，所以还是不要把这些成分作为词缀对待为宜。

在这里应明确的是，当某些词根词素弱化成为词缀词素时，并不等于它的词根词素的性质已经消失，事实上，在语言应用中，这种虚化过程已经逐渐地使原来的词根词素发展出了一个新的完全独立的附加词素成分，所以在词素中，这些词根词素和附加词素都是同时存在着，并且都积极地发挥着各自的作用。如“子”在“棋子”一词中，它是词根词素，在“桌子”一词中则是附加词素了，它们共同存在着，而且其区分是很明显的。

总结词素的分类情况，可列表如下：

- 词素
  - 语音形式方面
    - 单音词素
    - 多音词素
  - 内部结构方面
    - 单纯词素
    - 合成词素
  - 语言功能方面
    - 可成词词素
    - 非词词素
  - 性质和表意方面
    - 词根词素
    - 附加词素
      - 词缀词素
        - 前缀
        - 中缀
        - 后缀
      - 词尾词素

# 第三章

# 词的形成及其结构形式

## 第1节　词的形成

### 一　词的形成途径

语言是一个符号系统,这系统中的基本单位是词,词是言语活动的基础元素,没有词,无论语言或者言语都是无法想象的。

语言的词汇是语言中最活跃的部分,它随着社会的发展和新事物的出现而不断产生新的词语,以满足社会的交际需要,这已经是大家有目共睹的事实。但是语言中的词是如何形成的呢?

观察词的产生轨迹,大致有三个方面可以考虑,那就是:第一,人们通过造词活动创制新词(具体阐述请见下一节);第二,社会共同将词组约定成词,如“国家”“妻子”“朋友”“窗户”等词就是这样形成的,这些成分最初在古代汉语中,都是以联合词组的身份被使用着,后来在使用过程中,逐渐地发展成了偏义型的复合词;第三,词的构形形式在使用中逐渐演变为独立的词,如“我们”“你们”“冷清清”“慢悠悠”最初都是“我”“你”“冷清”“慢悠”的构形形式,现在都已被约定为词了。因此我们可以把这三个方面看作是词形成的三种途径。

## 二 词的形成条件

语言中的词都不是凭空产生的，因此要讨论词的形成，就应该先了解一下词的形成所必须具备的条件。事实证明，任何词的形成都要有两个条件为前提，那就是：一个是人们对客观事物的认识以及与此有关的思维活动，一个是以本民族的语言符号系统为内容的语言要素。

### （一）人们的认识和思维活动

可以肯定地说，任何词的产生都是人们对客观事物进行认识和思维的结果。人们的认识和思维活动不但可以促使一个词的产生，而且更能够决定一个词能否被社会所约定，因为当新词产生之后，它还仅仅是一个具有临时变化性质的言语成分，只有当它被社会上的人们共同认可以后，才能够由言语成分转变为语言成分。

谈到词的形成，必然会牵扯到最初的词是如何产生的问题，事实上也就是语言起源的问题。对于语言的产生问题，学术界已各有所见，而且至今并未得到解决，因此在这里也不准备做专门的讨论。这里只想就有关词的形成问题提出一点看法。由于人们的认识和思维活动是词形成的前提条件，所以最初的词，其形成情况也一定是在人们对客观世界进行认识的基础上，将认识的成果与某种物质化的声音相结合，认识的成果形成词义，物质化的声音形成语音，从而产生了词。词义永远是客观事物在人们头脑中的反映，不论这种反映正确与否，但是没有客观事物为基础，没有人们对它们的认识和思维活动，就不能形成意义，没有与声音相结合并依赖声音以进行表达的意义，就不可能产生词，因此可见词在最初产生时，就具备了人们认识和思维的条件。当然，在词最初产生时，人们的思维活动，可能表现为形象思维占据了主要的地位，但却必须承认，形象思维活动也是人们的思维活动，甚至一直到现代，形象思维仍然活跃在人们的思维活动当中，所以决不能否认，在词最初产生时，形象思维活动在其形成过程中所起的重要作用。在现在没有资料可查的情况下，我们以语言理论为依据，可以认为，最早的词，应该是在人们形象思维的作用下，通过音和义的任意性结合而产生出来的。

随着社会的不断发展，人们的认识和思维能力也得到了不断的发展和丰富，因此，在语言发展过程中，人们的认识和思维活动在词形成中的作用则更加明显。社会的全体成员都可以凭借着自己的这种能力来参与造词活动，他们不仅可以通过对声音的认识造出摹声词，而且可以从各个不同的角度对事物进行不同的认识，从而造出各种纷繁多彩的词来。至于通过人们的思维活动来进一步认识客观世界，创造新事物，发现新现象，从而产生新词语，活跃社会的交际活动，促进社会的不断发展，这更是有目共睹的了。所以说，没有人们的认识和思维活动，就不可能有词的产生，人们的认识和思维活动永远是词得以形成的前提条件。

**（二）作为组词基础的语言要素**

词形成的另一个前提条件就是语言要素。当词最初产生时，应该说，语言要素和词是同时共生的；当语言产生之后，语言要素中的各种材料作为形成词的基础条件，则越来越发挥着它的重要作用。人们可以在原有材料的基础上，采用衍生、组合等手段，制造出各种各样的新词来。

人们造词时运用的语言要素是多方面的，不但有语音、词汇、语法等方面，而且也涉及文字、修辞等内容。

语音方面：本民族语言中的音色音位和非音色音位，以及音位之间的组合规律和变化情况，都可以为造词提供根据。这些语言材料都客观存在于社会成员使用的语言当中，而且都已为人们自觉或不自觉地所掌握，因此，不管人们对它们是否有科学的认识，都可以自然地按照社会的语言习惯加以运用，例如表示鸟的叫声的“喳喳”一词，其语音形式“zhāzhā”就是按照汉语语音的声、韵、调的配合规律组成音节，采用摹声的造词方法创造出来的。

词汇方面：语言词汇中原有的各种词素，永远为词的形成提供着丰富多彩的语言材料。在语言存在以后，新产生的词绝大多数都是由原有词素组合而成的，原有词素的音义结合的情况，都直接影响着新词的面貌，例如“转椅”一词，由于它是一种会转动的椅子，所以就选用了“转动”的“转”和“椅子”的“椅”两个词素组合而成，“转”和“椅”两个词素将自己原来的语音形式和意义内容都带到了新词之中，并重新构成了一个新的音义结合的定型结构。在词汇发展过程中，一批批的新词就是这样不断产生出来的。

语法方面：人们造词时，各种词素的组合都是根据语言中原有的各种语法规则进行的，这些规则和其他语言材料一样，都是人们所自然习用的，因此在社会上也都是大家共识的内容。例如根据修饰成分在前，被修饰成分在后的习用的语法规则，人们要说明一种“红色的枣”时，就要用“红”在前“枣”在后的词序组成“红枣”一词，要说明一种“像枣一样红的颜色”时，则必须把词序颠倒过来，形成为表示颜色名称的“枣红”一词，这些语言材料和规则在语言使用中都是被大家共同认可的，所以也都自然地在词的形成过程中充当着语言基础的作用。

文字方面：掌握文字的人们，也可以运用文字方面所表现出来的各种特点和内容来进行造词。例如过去用来称呼“兵”的“丘八”一词，就是根据汉字形体的组合特点拆字造词的。《现代汉语词典》注释：“丘八：旧时称兵（‘丘’字加‘八’字成为‘兵’字，含贬义）。”运用拆字手段当作词素来造词的现象在说明姓氏的场合中比较多见，如“弓长张”的“弓”“长”，“立早章”的“立”“早”等都是如此。至于采用汉字字形的特点作为词素来造词，则更是人们常用的方法。如“丁字尺”中的“丁”，“一字领”中的“一”，“八字眉”中的“八”，以及“十字架”中的"十"等等都是这种情况，很明显，新词的意义都是在字形参与之下形成的。现在，随着外来词素的不断引入，利用外来字母的形体当作词素来造词的情况也经常可见，如"O 形环""V 字领"中的"O""V"等都是这种现象的具体表现。

修辞方面：修辞是人们运用语言的方法和手段，在词的形成过程中，这些方法和手段也经常被用来进行造词。例如把一种形体像螺丝的钉子叫做"螺丝钉"，把用木头做成的像马一样的玩具叫做"木马"，甚至把自来水管上的放水活门，以其吐水的特点，就用比喻的方法将它称为"龙头"（也可叫做"水龙头"）等等。这都是以修辞手法为基础进行造词的结果。

语言是一个统一体，因此在造词活动中，语言各个方面的要素都是同时起作用的。同时，由于语言符号的音义之间虽然无必然的联系，但是这种音义关系一经结合之后，就具有了相对的稳定性，所以它为社会约定俗成后，人们是不能随意改变的。如创制"汽车""火车""自行车"等词时，就不能把"车"换成"船"，也不能改换"车"的语音形式，同时也不能把这些音节的语序随意颠倒。由此可见，语言中各方面的要素不仅是创制新词的基础，而且也可以作为一个语言要素的统一体，对人们的造词活动的各个方面起着一定的制约作用。

人们运用语言要素作为造词的基础是很自然的，而且也是必然的。人们既然掌握了语言和运用语言的习惯，就必然会运用原有的语言材料和规则来进行造词，从语言的继承性和约定俗成的情况看，不这样做也是不可能的。

以上简单说明了词形成时的两个方面的条件。在词的形成过程中，这两个条件是相互作用的。随着社会的发展和语言材料的逐渐丰富，以及人们的认识和掌握运用语言材料能力的逐步提高，这些条件的作用表现得越来越突出和明显。大家都知道，语言的本质特点之一就是语言符号的音和义是任意结合的。但是，在词的形成过程中，我们却越来越能够发现，词在形成时逐渐地会有一种理据作为它产生的依据和条件，也就是说，词的形成开始逐渐具有了自己的有理性。如“三角尺”一词，由于它是在“三”“角”“尺”等词素的基础上产生的，人们自然地就会理解为这是一种“有着三个角的尺子”，对“唉”一词，由于它是模仿人的叹息声而造成的，所以人们也自然地会了解它是一个摹声词，表示着“叹息的声音”，而且这种理解和该词所表示的客观事物的实际也是相吻合的，为什么在人们造词和对词理解的过程中，会有这种理据存在呢，其根本原因就是因为词形成的两个前提条件起着作用的结果。因为人们认识和思维的共通性，以及人们对造词所运用的语言材料的共识性，就能够赋予词形成的有理性和可理解性。

当然，我们在谈词形成的有理性的同时也必须明确，承认词形成的有理性，绝不是否认词的音义结合的任意性，因为这种有理性和任意性并不是矛盾的，而是对立的统一。应该说这种有理性是在任意性统率下的有理，而任意性又是在有理基础上的任意。如“卷心菜”和“大头菜”都是从其形状的角度造出来的词，都具有一定的有理性，但是对这种客观事物既可称为“卷心菜”，又可称为“大头菜”，就又体现出了它的任意性。由此可见，任何一个在有理性的基础上形成的词，都可以在任意性的制约下被任意选择。

### 三　词形成的基础形式

词形成的基础形式就是词形成时所依据的一种语言形式。在语言产生之初，应该说词的形成依据就是人们的思维和具体存在的客观事物，通过人们的认识和思维活动，把某种声音形式和某种事物的意义内容任意结合起来，就产生了词。因此，最初产生的词，它们的词义和它们所指称的客观事物的实际内容往往都是非常对应的。在语言产生以后，因为有了语言材料的参与，所以词形成时，都往往要在客观存在的基础上，通过人们的认识和思维活动，先形成一种基础性的语言形式。一般说来词的基础形式都是以词或者词组等形式出现的，可以认为，这种基础形式就是词的雏形，因为词的形式和意义都是从这基础形式中产生出来的，所以它们都是词得以形成的基础。任何一个词都是从它的基础形式中提炼凝结而成，任何一个词都有自己赖以产生的基础形式。所以研究和考察一个词的词形、词义和词的结构，都可以从词的基础形式中找到依据和说明。

了解词形成的基础形式是非常必要的，如果要对词的形成和发展进行研究的话，就必须追溯到词形成的基础形式上面去。例如我们经常接触的"夏至"一词，至今人们对它的意义仍然有"夏季的极点"和"夏季到了"两种不同意义的理解，如果追溯到它形成时的基础形式上去考查，就不难解决这个问题了，因为古代人们造词时，"夏季到了"是用"立夏"一词来表示的，当然"夏季到了"就是"立夏"的基础形式；而"夏至"却是人们根据二十四节气的情况，认为是夏季到了极点的一天，因此"夏至"的基础形式应该是"夏季的极点"。所以只有了解了词形成时的基础形式，才能够准确地掌握和解释词义，也才能够正确地进行对词源的考查和分析。

词形成的基础形式都是人们认识和思维活动的结果，但是由于人们对事物观察和认识的角度不同，同时也由于词形成的方法和途径各有所异，所以词的基础形式也呈现出各种不同的情况。结合词形成的三个途径来观察，可以从表现形式的角度将词的基础形式分为以下三种类型。

**（一）以词为基础形式**

以词为基础形式就是指新词的形成是以某一个原有的词为基础演变而成的。这种现象往往都是由于某种主观或客观条件的作用，在一个原有词的基础上，经过人们的联想、引申、改造，甚至伴有着语言成分自身的变化和调整，从而演变出来一个新的成分，再经过社会成员的共同认可后，就形成为一个新词。在这种情况下产生的新词，理所当然地作为基础的原有词就是它赖以形成的基础形式，新词的音、义面貌及其结合而形成的结构情况，都可以追溯到旧词中去寻找依据。

以词为基础形式产生新词，可以具体表现为如下几个方面。

1. 旧词的语音发生变化产生新词，如：

盖——盖儿　扣——扣儿　传(传承)——传(传记)

2. 旧词的意义引申产生新词，如：

刻（刻画）——刻(一刻钟)

3. 从单音词演变为双音产生新词，如：

姑——姑姑　弟——弟弟

4. 由外语词产生外来词，原来的外语词是外来词的基础形式，如：

sofa——沙发　Coca-cola——可口可乐

5. 词的构形形式转化为词，变化前的原词是它的基础形式，如：

慢悠——慢悠悠　空荡——空荡荡

一个旧词是否都能作为基础产生出新词来，这要看新词产生的条件和社会约定俗成的情况，并不是所有的词都能够成为产生新词的基础形式。以构形形式为例，“我”的构形形式“我们”已经被约定为词，但是同样加词尾“们”的构形形式“学生们”“朋友们”却仍然是“学生”和“朋友”的构形形式，它们并未能被承认是独立的新词。

### （二）以词组为基础形式

所谓以词组为基础形式，就是说词的形成是在以词组为语言形式的基础上进行的。这方面的情况比较复杂，大致也可表现为如下几个方面。

1. 词形成的基础是一个表示概念的词组。如：

洗衣服用的机器——洗衣机

挂在窗户上的帘子——窗帘

需要蘸着墨水写字的钢笔——蘸水笔

这种基础形式是人们造词时经常使用的，而且判断和分析这种基础形式也显得比较复杂。由于人们的认识和思维方式各不相同，因此形成的概念有的简单，有的就比较复杂。那么，在这种情况下，我们又如何确定形成词的基础形式呢？我们知道，确定词的基础形式时，首先应该考虑的是词素赖以产生的条件，也就是说，人们在表示概念的词组的基础上，为该事物命名而产生新词时，必须以简单明了为原则，即词组的表意必须明确；可以直接或间接抽取出词素来；在表示意义基本相同的情况下，词组结构形式要以最简单的为宜。因此充当词的基础形式的词组，其内容既可以是反映人们认识的全部特点，也可以是部分特点，只要能够抽取出词素，并且能够明确地表示出认识的内容来，那种最简约的词组形式就是词形成的基础形式。如“活捉”，“用手或工具把人或动物活活地捉住”和“活活地捉住”两种词组形式，都可以表示它的意义内容，相比之下，后一种的结构则比较简约，那么，后一种词组形式就是“活捉”一词的基础形式。又如“活水”，它的词组形式可以有“有源头而常流动的水”和“常流动的水”两种，然而“常流动的水”并不能把“只有有源头的常流动的水才称活水”的真正含义明确地表示出来，因此，前一种词组形式在表意明确的要求下，就是最简约的形式，而且是“活水”一词形成的基础形式。

当然，作为相同的认识内容，其简约的词组形式和复杂的词组形式，在意义上都是有联系的，甚至是完全一致的。因此，我们认识一个词时，在了解其基础形式的基础上，也可追溯其复杂词组的情况，从而更进一步了解词形成的更详细的内容。词的形成以简约的词组为基础形式，词的组成成分词素就是直接或者间接从这基础形式中抽取出来的，如上例中“活捉”的两个词素“活”和“捉”就是从“活活地捉住”中直接抽取出来的，“活水”的两个词素，“水”是直接抽取出来的，“活”则是间接抽取出来的。

这样的词组作为词的基础形式基本上都是用于说明性质的，如说明一种事物、一种动作或者一种现象等等，都往往要用这种词组作为形成词的基础形式。有时用比拟的方法造词时，也是用这种基础形式，因为比拟法造词，也都是人们通过对事物之间相似点的联系，运用比喻等方法，形成为一种认识，并用一定的言语来加以说明的，如对“虎口”的解释就是“大拇指和食指相连的部分，形状像老虎的口”，对“佛手”的解释就是“一种植物，果实的形状像大佛的手”，这些词组中，都蕴含着一个比喻内容，而这种具有说明性质的比喻，就是这些词形成的基础形式，而且也正是形成和人们了解新词的形式和内容的基础。

用具有说明性质的词组作为词形成的基础形式，这也是很自然的，因为人们造词时，首先在认识过程中产生出来的，就是这种表示了概念内容的词组，然后才进而创造出词来。

2. 固定词组或比较常用的词组简缩成词，原来的词组就是简缩词形成的基础形式。如：

外交部长——外长　　山东大学——山大

科学技术——科技　　文化教育——文教

人民代表大会——人代会　　政治协商会议——政协

3. 习用的词组约定为词，原来的词组是新词产生的基础形式。如：

国家　窗户　妻子　朋友

**(三) 以自然界的声音为基础形式**

自然界的声音也可以成为词形成的基础形式，语言中的摹声词就是在这一基础上形成的。这是一种比较特殊的基础形式，因为它是自然界的声音，所以它本身是一种客观存在，摹声词的形成，就是对这种自然界的声音进行了语音化的模仿而形成的。如“砰的一声木板倒了”中的“砰”就是一个模仿自然界的声音而形成的摹声词，自然界的这种声音就是它赖以产生的基础形式。

语言中的摹声词，都是在人们对自然界声音模仿的基础上加工而成的。这种加工就是用人类语言的语音对自然界的声音进行改造的过程。自然界的声音是各种各样的，有的比较单纯，如上例的“砰”；有的比较复杂，如人睡觉打呼噜的声音总是“呼噜呼噜”的，而不可能只有一下“呼噜”的声音，所以这类摹声词就是在人们对自然界声音的一连串的模仿中截取下来约定而成的。在汉语中，“呼噜”这一形式可以作为两个词而存在，一个是表示声音的摹声词，一个则是表示这种现象的名词。这就更明显地体现出了人们进行思维加工的情况。但是不管哪一种情况，都不能否认自然界的声音是这些词形成的基础。

此外，音译外来词的产生，事实上也是对某种声音模仿而成，只是它模仿的是外语词的声音而已，因此外语词的声音也是音译外来词的基础形式。

## 第2节　造词和造词法

### 一　造词概说

#### （一）什么是造词

所谓造词就是指创制新词。它是解决一个词从无到有的问题。人们的造词目的是为了满足社会的交际需要，客观事物的发展，人们认识的发展，新事物和新现象的出现，以及语言本身的发展和调整，都能提出创造新词的要求，语言中的词就是在这种需求下，不断地从无到有地被创造出来。在语言的历史发展过程中，世世代代的人们就是这样不断地满足社会的交际需要，不断地创制出各种各样的新词来。所以，要研究一个新词如何形成的问题，就要研究它的形成条件和过程，而其中大部分的新词又都是通过创制的方法从无到有地被创造出来，因此要研究词的产生问题，首先就要研究造词问题。

和所有词的形成一样，造词也必须具备词形成的两个前提条件，那就是人们的认识和思维活动，以及已有的语言材料。关于这一点，前面已经谈到，这里不再重复。

### （二）人们的造词活动

人们的造词活动都是在社会交际的需求下进行的，社会上的每一个成员，都可以根据交际的需要来进行造词，所以造词活动存在的范围很广，它是一种全社会成员都可以进行的活动行为。在造词活动中，人们的认识和思维活动是非常重要的，它往往起着先导的作用，因为新词都是在新事物、新现象的不断涌现下，根据具体的环境和条件，通过人们的认识和联想，然后用语言材料使其外部现实化，才被创造出来。事实上，人们的这种造词活动就是人们为新事物、新现象命名的行为。下面以几个词的产生为例。

如“落星湾”“落星石”两词的产生：

> 在鄱阳湖北湖，庐山南麓，有一湖湾称作“落星湾”，湾中的巨石称作“落星石”。所以叫作“落星湾”的原因，就是因为湖湾中有一巨石叫“落星石”。所以叫作“落星石”，又是因为这石头相传是天上一颗流星坠落湖中而成。因此，千百年来，湖区的人们一直认为：“今日湖中石，当年天上星。”①

又如“响沙湾”“落笔洞”两词的产生：

> 位于库布齐沙漠东端的达拉特旗响沙湾，是一段宽五十米、

① 《文汇报》1983年12月14日，吴升阳：《解开落星之谜》。

> 高四十米的沙丘，人们从沙丘顶端向下滑行或用手拨动沙子，沙粒就发出类似飞机或汽车的轰隆声。“响沙湾”就是由此而得名。[①]
>
> “落笔洞”位于海南岛崖县三亚镇北郊，是一座方圆约三华里、高约百米的石灰岩孤峰下的一个岩溶洞穴。因洞中有悬垂的石钟乳形如落笔而得名。[②]

再如“八大员”称呼的来历。据原八路军一二九师卫生所所长赖玉明同志回忆：

> 1940年百团大战开始后的一天，供应部送来一些缴获的罐头，首长说分给勤杂人员。我就在院中大叫：“伙夫！马夫！卫兵！号兵！大家快来呀，有好吃的。”……第二天，刘伯承同志把我们叫到办公室说：“我们的伙夫、马夫应该取个什么名，你们不要笑，这是革命家庭的大事，我们革命的军队……官兵平等，都是革命大家庭的一员。今后，伙夫就叫炊事员，马夫就叫饲养员，挑夫就叫运输员，卫兵就叫警卫员，号兵就叫司号员，勤务兵就叫公务员，卫生兵就叫卫生员，理发师傅就叫理发员。……我们人民军队是礼义之师，文明之师，称呼应该文明。”从此，一二九师机关再也没有喊“伙夫”“马夫”的了。很快就传遍了解放区。

由此可见，造词活动就是人们在认识的基础上给事物命名的活动。有时人们在造词时，由于认识和考虑问题的角度不同，所以，同一个事物，也可以获得不同的名称。如“西湖”和“西子湖”就是同一个湖的两种不同的称呼，“西湖”是着眼于湖的位置在杭州的西部而得名，“西子湖”则是着眼于湖的美而得名。又如《北京晚报》上曾刊

---

① 《文汇报》1984年2月28日，《神秘的响沙湾》。

② 《文汇报》1984年2月28日，《海南岛有新发现》。

载过一篇短文，题名为《颐和园产“国庆桃”》，文中写道：

国庆，能跟桃有什么联系？还真有联系。颐和园培育了一种晚熟的桃，每年阳历九月才熟，正好在国庆节收摘。

这种桃名秋红，又名颐红。色如丹砂而间有淡绿之色，而且一直红透到果实之内。……①

从以上引文中，不但能够从“国庆桃”“秋红桃”“颐红桃”等词的产生，进一步认识造词的情况，同时还可以清楚地了解到，因人们认识的角度不同，会直接影响到新词的面貌各有所异。同一种桃，从收摘的时间着眼可称为“国庆桃”，从秋天才成熟和色红的情况看又可称为“秋红桃”，从它生产在颐和园中和色红的情况考虑，还可称为“颐红桃”。

在词汇发展的整个历史中，这种造词活动和造词方法都随处可见，在现代社会生活中，人们所熟悉的运用这种手段造出的新词也俯拾即是。如：把“早晨起来进行身体锻炼的活动”命名为“晨练”，把“专门饲养以食其肉为目的的鸡”称为“肉鸡”，把“迷于在电脑网上玩游戏或聊天的人”称为“网虫”，把“专门搞笑的演艺人员”称为“笑星”，“有防盗功能的门”称为“防盗门”，“为教师确定的节日”称为“教师节”，“在大棚里培植生长的菜”称为“大棚菜”，“夫妻两人都有工作的情况”称为“双职工”等等。

以上各例足以说明，造词活动和人们的认识以及具体的环境条件是有密切关系的，人们根据具体的环境条件，通过认识思维而形成概念，从而产生了词形成的基础形式，然后又在此基础上进一步创制出词来。同时以上情况也足以说明，人们在造词时，主要考虑的是用什么名称命名合适的问题，并不是而且也不会去考虑名称的内部结构形式如何，比如用偏正结构呢？还是用主谓结构呢？

---

① 《北京晚报》1983年10月9日，康承宗：《颐和园产“国庆桃”》。

## 二 造词法

### （一）什么是造词法

造词法就是创制新词的方法。给事物命名的行为是造词问题，命名时使用的方法就是造词法问题。人们在造词时，可以根据本民族的语言习惯，掌握和运用现有的语言材料组成各种各样的新词。在组成新词的过程中，人们使用的方法是多种多样的，这些为事物命名创制新词的方法，就称为造词法。

### （二）汉语的造词法

汉语的造词法是多种多样的，现初步归纳为以下几种。

1. 音义任意结合法

音义任意结合的造词方法就是用某种声音形式任意为某种事物命名的方法。这样产生的新词在音义之间，开始并无必然的联系。我们知道，词是一种语言符号，语言符号的音义结合最初都是任意性的，当人们用某种语音形式去指称某种事物的时候，这种语音形式同时就获得了该事物所赋予它的某种意义，音义这样结合后就产生了语言中的词。语言中最早产生的一些词，往往就是用音义任意结合法创制出来的。如：

| | | | | | | |
|---|---|---|---|---|---|---|
| 人 | 手 | 足 | 头 | 口 | 日 | 月 |
| 树 | 山 | 石 | 风 | 雨 | 鸟 | 兽 |
| 牛 | 羊 | 刀 | 车 | 弓 | 桑 | 蚕 |
| 梁 | 稻 | 阴 | 阳 | 大 | 小 | 高 |
| 深 | 一 | 二 | 十 | 百 | 千 | 万 |

| | | | | |
|---|---|---|---|---|
| 窈窕 | 崔嵬 | 逍遥 | 婆娑 | 参差 |
| 玲珑 | 蜻蜓 | 蟋蟀 | 喇叭 | 霹雳 |
| 含糊 | 徘徊 | 慷慨 | 蚯蚓 | 从容 |

像以上例词，它们的音义之间都无必然的联系，某种事物为什么要用

这样的语音形式来表示，人们是无法解释的。

随着社会和语言本身的发展，语言要素的不断丰富，为造词提供了大量的原料，因此，人们运用音义任意结合法造词的情况越来越少了。但是我们也不能否认，这种造词法现在有时还被应用着。如某些化学元素的名称，为什么某种元素要称作“镍”，为什么另一种又要称作“钠”，虽然它的产生也能有其一定的基础形式，但是它们的音义之间的结合，恐怕是没有什么道理可讲的。

2. 摹声法

摹声法是用人类语言的语音形式，对某种声音加以模拟和改造，从而创制新词的方法。事实上，这就是把某种声音语言化，使其变成了语言中的词。

汉语中的摹声法造词可表现为以下两种情况。

一种是模仿自然界事物发出的声音来造词。根据事物发出的声音给事物命名的，如：

猫　鸦　蛙　蛐蛐　蝈蝈　呼噜

根据事物发出的声音创制新词，以描写该事物性状的，如：

哪　嗯　唉　呸　哎呀　哼哼　哈哈

当　咚　吱　呼　咚咚　当当　吱吱

呼呼　哗哗　嗡嗡　喳喳　汪汪

吧嗒　嘎吱　嘎巴　丁冬　丁当

哗啦　轰隆　当啷　噗嗤　丁零

轰隆隆　哗啦啦　噼里啪啦　丁丁当当

另一种是模仿外族语言中某些词的声音来造词。平常大家都把这类词称为音译词。事实上，音译词就是一种摹声造词，只是它模拟的对象是外语词的声音罢了。如：

咖啡(coffee)　沙发(sofa)

夹克(jacket)　吉普(jeep)

巴黎(Paris)　　　马拉松(marathon)

以上两种情况虽然模拟的对象不同,但它们却有一个共同的特点,那就是它们都是用汉语的语音形式对这些被模拟的声音加以改造,以使它们符合汉语语音的特点。这种模拟改造的过程,就是用摹声法造词的具体过程。

3. 音变法

音变法是通过语音变化的方法产生新词。汉语中的儿化韵造词就是一种音变造词的方法。如:

盖(gài 盖住的盖,动词)

——盖儿(gàir 瓶盖的盖,名词)

扣(kòu 扣上的扣,动词)

——扣儿(kòur 扣子的扣,名词)

铲(chǎn 铲除的铲,动词)

——铲儿(chǎnr 铁铲的铲,名词)

黄(huáng 黄色的黄,形容词)

——黄儿(huángr 蛋黄的黄,名词)

尖(jiān 尖细的尖,形容词)

——尖儿(jiānr 针尖的尖,名词)

个(gè 一个人的个,量词)

——个儿(gèr 个子的个,名词)

本(běn 根本的本,名词;一本书的本,量词)

——本儿(běnr 本子的本,名词)

此外,像汉语中的"好(hǎo 好坏的好)—好(hào 爱好的好)""传(chuán 传递的传)—传(zhuàn 传记的传)""见(jiàn 看见的见)—见(xiàn 同现)"等情况应当也是一种音变造词的现象。这种情况多为多义词的义项通过音变而独立成词。

这里应该说明:儿化韵是把"er"用在其他韵母的后面,使这一韵母变为卷舌韵母的现象，从当前的普通话看，它是发生在一个音节范围之内（即已侵入音节）的音变情况。因此，由这种变化而产生新词是一种音变法造词。目前汉语研究中，一般都把儿化韵中“儿化”的部分，作为一个独立的后缀词素看待，这种看法是应该商榷的。词素是独立的造词单位，它应该有独立的音节作为自己的语音形式，然而“儿化”却只能在别的音节中，和另外的韵母结合在一起形成为卷舌韵母，而不是在这韵母之后自成音节，因此，“儿化”只能是在一个音节中发生的音变现象，不应当把“er”作独立的后缀词素看待。当然，如果“er”在其他音节后自成音节，如儿歌“风儿吹，鸟儿叫，小宝宝，睡醒了”中“风儿”“鸟儿”的“儿”，就可以作后缀词素看待，因为这已不属于儿化韵的问题了。

音变造词是改变语音形式产生新词的方法。虽然它也是由新的语音形式和某种意义结合成词，但是，它和音义任意结合的造词方法却完全不同。音变造词都是在某个原有词的基础上，通过语音方面的某些改变，形成了新的语音形式，表示着与原词词义既有关联又不相同的意义，从而产生出独立的新词。所以通过音变造词法产生的新词，和原来充当基础的旧词，在意义上总要存在着某种程度的联系。音义任意结合法造出的新词却无这种情况，因此，要注意把这两种造词法区分清楚。

4. 说明法

说明法是通过对事物加以说明从而产生新词的造词方法。人们给事物命名时，为了使大家对该事物能有所了解，就用现有的语言材料对事物做某些说明，并以此确定名称产生新词。这样产生的新词，词义一般都比较明确，容易理解，因此，这是一种为人们经常应用的造词方法。

汉语的说明造词法，往往由于人们说明的角度不同而表现出一些不同的情况。常见的有以下几种。

从事物的情状方面进行说明。如：

国营　年轻　自动　地震　口红

起草　知己　庆功　签名　争气

举重　删改　简练　赞扬　胆怯

抓紧　洗刷　看见　提高　放大

脑溢血　胃溃疡　肝硬化　肺结核

落花生　超声波　二人转　婴儿安

从事物的性质特征进行说明。如：

方桌　优点　弹簧　硬席　石碑

理想　午睡　晚会　甜瓜　谜语

函授　铅笔　绿茶　热爱　笔直

前进　重视　高级　国旗　钢板

木偶戏　胶合板　丁字尺　武昌鱼

大理石　电动机　回形针　石棉瓦

从事物的用途方面进行说明。如：

雨衣　燃料　烤炉　书桌　护膝

围脖　顶针　裹腿　餐具　耕地

医院　牙刷　枕巾　浴盆　陪嫁

保温瓶　消毒水　织布机　托儿所

洗衣粉　抽水机　吸铁石　扩音器

收割机　避雷针　消炎片　漱口水

从事物的领属方面进行说明。如：

豆芽　鱼鳞　牛角　树叶　日光

羊毛　虎皮　盒盖　瓶口　笔尖

床头　刀把　瓜子　衣领　灯口

屋顶　猪肝　象牙　鞋带　刀刃

火车头　细胞核　桂圆肉　棉花种

白菜心　橘子皮　鸡蛋黄　丝瓜瓤

从事物的颜色方面进行说明。如：

红旗　绿豆　紫竹　黄铜　白面

白云　蓝天　紫菜　白酒　黄土

青红丝　黑猩猩　红领巾　红绿灯

红药水　黄花菜　白眼珠　紫丁香

黑穗病　黄刺玫　黑板报　红蜘蛛

用数量对事物进行说明。如：

二伏　两岸　两可　三角　三秋

四时　五代　五律　六书　七绝

八卦　九泉　十分　十足　百般

百姓　千金　千秋　万物　万能

一言堂　二重奏　三合土　四边形

五角星　六弦琴　七言诗　八宝饭

九重霄　十三经　百日咳　千里马

通过注释的方法进行说明。有用所属物类注释说明的，如：

菊花　芹菜　茅草　淮河　蝗虫

鹞鹰　松树　父亲　心脏　糯米

牡丹花　白杨树　水晶石　乌贼鱼

吉普车　芭蕾舞　桑拿浴　比萨饼

有用单位名称注释说明的，如：

人口　纸张　房间　马匹　船只

车辆　枪支　案件　花朵　信件

钢锭　书本　花束　米粒　石块

有用事物情状进行注释说明的，如：

静悄悄　白茫茫　恶狠狠　亮晶晶

光秃秃　呆愣愣　笑嘻嘻　雾蒙蒙

喘吁吁　泪汪汪　冷冰冰　颤悠悠

赤裸裸　响当当　好端端　明晃晃

沉甸甸　矮墩墩　娇滴滴　黑沉沉

运用语言中习用的虚化成分，对原有词的意义做某些改变以说明事物。如：

聋子　乱子　日子　腰子　推子

想头　看头　甜头　劲头　盼头

哑巴　岸然　油然　几乎　在乎

黑乎乎　红乎乎　酸溜溜　灰溜溜

“黑乎乎”一类词，在形式上和前面的“静悄悄”等很相似，但情况却不相同。“静悄悄”“白茫茫”中后面的重叠形式，都是具有实在的词汇意义的词素，它们对前面的主要词素起着描写的作用，如“汪汪”“晶晶”等。有的还可以独立成词，如“悄悄地走了”“茫茫的大海”等。“黑乎乎”中后面的重叠形式却不是这样，它们只是语言中习用的虚化成分而已。

除以上情况外，人们还可以从各种不同的角度用说明法造词，说明法比较灵活，能适应多方面的造词要求，因此，它是一种能产力很强的造词方法。

5. 比拟法

比拟法就是用现有的语言材料，通过比拟、比喻等手段创制新词的方法。这样创制的新词，有的整个词就是一个完整的比喻。如：

龙头　龙眼　佛手　螺丝　下海

鸡胸　银耳　猴头　鸡眼　虎口

蚕食　骑墙　贴金　琢磨　鸟巢(指奥运场馆)

仙人掌　纸老虎　拴马桩(生在耳前的肉柱)

有的是新词的一部分是比喻成分。如：

木耳　雪花　木马　天河　虾米

板油　云梯　瓜分　林立　冰冷

火热　笔直　雪白　墨黑　杏黄

蜂窝煤　狮子狗　鸭舌帽　喇叭花

金丝猴　牛皮纸　鸡冠花　笑面虎

6. 引申法

引申法是运用现有的语言材料，通过意义引申的手段创制新词的方法。如从“打开”和“关上”的动作，联想引申而把“操纵打开和关上的物件”称作“开关”，就是运用了引申造词的方法。其他如：

收发　领袖　口舌　骨肉　山水

裁缝　组织　出纳　是非　左右

锻炼　针线　规矩　爪牙　见闻

手足　唇舌　江湖　江山　岁月

网罗　身手　矛盾　天地　笔墨

经过词义引申分化而形成新词，也是一种引申造词的情况。如“年”原为“谷熟”的意思，后来根据谷熟间隔的时间，又引申分化出表示“三百六十五天”的“年”，结果使两个“年”形成为同音词，从而产生新词。以下各例也是这种情况。如：

岁（岁星）——岁（年岁）

月（月亮）——月（三十天左右的时间）

日（太阳）——日（一天的时间）

刻（雕刻的刻）——刻（十五分钟叫做一刻）

钟（金属制成的响器）——钟（计时的器具）

7. 双音法

双音法是通过双音化产生新词的方法。双音造词法是随着汉语词汇向双音化发展而出现的一种造词方法，它也是在现有语言材料的基础上进行造词的。现代汉语中常见的双音化造词有以下几种情况。

（1）在原有单音词的基础上，采用重言的形式产生双音化的词，新词的意义和原单音词的意义完全一样或基本相同。如：

妈妈　爸爸　伯伯　姑姑　叔叔
嫂嫂　哥哥　姐姐　弟弟　妹妹
星星　炯炯　恰恰　渐渐　悄悄
茫茫　耿耿　草草　纷纷　忿忿
蠢蠢　活活　匆匆　常常　汩汩

（2）在原有单音词的基础上，采用重言的形式产生双音化的词，新词的意义和原单音词的意义基本不同。如：

爷爷　奶奶　宝宝　万万　通通
断断　往往　在在　落落　区区
历历　斤斤　源源　翼翼　涓涓
津津　济济　昂昂　堂堂　熊熊

（3）将原有的意义相同、相近或相关的单音词联合而成为双音化的词，新词的意义与原来单音词的意义形成意义相同或相近的关系。如：

道路　朋友　语言　旗帜　人民
英雄　年岁　睡眠　包裹　世代
脸面　坟墓　购买　增加　依靠
更改　生产　解放　爱好　斥责
斟酌　书写　帮助　学习　批改
答复　把持　集聚　洗刷　喜悦
寒冷　弯曲　美丽　繁多　宽阔
孤独　伟大　艰难　富裕　寂静

（4）在原有单音词的基础上，附加上语言中习用的虚化成分，从而形成双音化的词，新词的意义和原单音词的意义完全相同。如：

石头　木头　砖头　舌头　指头

桌子 椅子 帽子 裙子 碟子

尾巴 盐巴 泥巴 忽然 竟然

突然 老师 老虎 老鹰 老鼠

阿姨 阿婆 第一 第三 初五

通过以上四种情况可以看出,双音法都是在原有单音词的基础上,经过双音化从而产生新词。随着语言的发展,这些充当基础形式的单音词,有的后来仍然可以作为词被独立运用着,有的则只能充当词素而不能再成为独立的词了。但是,当这些成分最初作为基础词形成为双音词的时候,应该承认,它们当时都是作为独立的单音词存在于语言之中的。

8. 简缩法

简缩法是一种把词组的形式,通过简缩而改变成词的造词方法。汉语中有部分事物的名称是用词组的形式表示的,由词组简缩成词,也是新词产生的途径之一。如"山大"就是把"山东大学"中每个词的第一个词素抽出来简缩而成的。"扫盲"则是把"扫除文盲"中第一个词的第一个词素,和第二个词的第二个词素抽出来简缩而成的。汉语中简缩造词的方法多种多样,各种简缩词如:

土地改革——土改

文化教育——文教

旅行游览——旅游

支部书记——支书

人民警察——民警

外交部长——外长

整顿作风——整风

历史、地理——史地

青年、少年——青少年

指挥员、战斗员——指战员

支部委员会——支委会

少年先锋队——少先队

人民代表大会——人代会

政治协商会议——政协

北京电影制片厂——北影

供销合作社——供销社

新华通讯社——新华社

父亲、母亲——双亲

百花齐放、百家争鸣——双百

身体好、工作好、学习好——三好

阴平声、阳平声、上声、去声——四声

农业现代化、工业现代化、国防现代化、科学技术现代化——四化

用简缩法造出的词，因为是对原有的词组简缩而成，所以新词的意义和原词组的意义是完全相同的。由于简缩手段的不同，所以有的简缩词从表面形式上即可以看出其意义来，如“文化教育”简缩为“文教”，“彩色电视机”简缩为“彩电”，简缩词的意义和原词组的意义完全相同是一目了然的。但是也有的简缩词由于在简缩过程中，使用的简缩方法有所差异，使其表面形式发生了或多或少的略显复杂的变化，这样的简缩词其意义就不是那么明确了，如用数字概括的方法而形成的简缩词“三好”“四声”等，只从表面形式看，很难了解“三好”指的是“身体好、工作好、学习好”，“四声”指的是“阴平、阳平、上声、去声”等。所以对这类词的词义，就需要对应充当其基础形式的原词组意义，进行一番解释和了解的工作。

需要说明的是，我们在这里谈的是简缩法造词，其实用简缩手段简缩而成的成分不一定都是词，有的仍然是被简缩了的词组，如“四个现代化”就是由“农业现代化、工业现代化、国防现代化、科学技术

现代化”简缩而成的词组，“四化”一词则是由“四个现代化”进一步简缩而来，事实上只从“四个现代化”的表面形式看，它表示的意义也是不明确的，像这样的情况，对简缩词“四化”的原词组形式就应该一层层地追溯下去，一直追溯到“农业现代化、工业现代化、国防现代化、科学技术现代化”为止，只有这样，才能对它所表示的意义有准确无误的理解。

汉语的造词方法丰富多彩，以上只是简要地谈了几种常见的方法。把汉语的造词法全面细致地分析整理出来，还是今后词汇研究中一个不可忽视的任务。

造词活动具有广泛的社会性，社会上的任何成员都可以创制新词，这正是体现了语言全民性的一个方面。社会成员造出的新词，只要能为社会约定俗成，就可以作为语言成分被保留下来，语言本身也因此而得到了不断的丰富和发展。

## 第 3 节　构词和构词法

### 一　构词概说

所谓构词是指词的内部结构问题。它的研究对象是已经存在的词。对现有词的内部结构进行观察和分析，总结出词的内部结构规律，这就是构词问题研究的范围和内容。

构词问题和造词问题不同。因为造词是人们适应社会交际的需要而进行的一种活动，所以社会上的每一个成员都可以进行造词，对造出的新词，每个成员都要接触它，使用它，并参与对它的约定俗成活动。可是构词问题却不是这样，因为人们在社会生活中，关心的是需要某个词，创造和使用某个词，但是并不关心词的内部结构形式如何。因此，研究构词问题就往往成了某些人科学研究范围内的事情，它的活动领域要比造词问题狭窄得多。当然这些研究成果会为人们所接受，因为它们不但使人们能够更清楚地认识词，分析词，同时也能为人们的造词活动提供可遵循的规律和科学的根据。随着科学知识的普及和人们文化水平的提高，这些科学成果将会越来越发挥出应有的作用。

## 二　构词法

构词法指的是词的内部结构规律的情况，也就是词素组合的方式和方法。语言中的每一个词都是构词法研究的对象，对每一个词都可以从构词的角度做内部结构的分析。如“插秧机”一词，从构词的角度分析，它是一个偏正式的复合词，“插秧”是偏的部分，“机”是正的部分，“插秧”是限定说明“机”的。进一步分析，偏的部分“插秧”的内部结构又是一种动宾式，“插”是动的部分，“秧”是宾的部分。

汉语的构词法可以从以下几个方面进行分析。

### （一）语音形式方面

1. 从音节的多少分析，可分为单音词和多音词。

由一个音节构成的词称为单音词。如“天、地、人、手、树、鸟、车、船、红、绿、高、长、一、二、千、百”等等。

由两个或两个以上的音节构成的词称为多音词。其中两个音节的称双音词或复音词，如“人民、哲学、宇宙、客观、生活、趣味、风景、建筑、鸳鸯、麒麟、凤凰、栩栩、炯炯、坦克、纽约、卡片”等等。三个音节和三个音节以上的多音词，如“世界观、修辞学、交响乐、电视机、圆珠笔、霓虹灯、摩托车、布谷鸟、资本主义、南斯拉夫、奥林匹克、布尔什维克”等等，其中三音节的词一般也可称为三音词。

2. 从音节之间的结构关系分析，可分为重叠式和非重叠式。

词的语音形式是由音节重叠而成的叫做重叠式。一个词的每个音节都加以重叠的叫做全部重叠式。其中单音节重叠的，如“弟弟、妹妹、星星、往往、哗哗、喋喋、侃侃、冉冉、巍巍、孜孜、翩翩、渐渐、耿耿、茫茫、悄悄、源源、草草、区区、娓娓、谆谆、迢迢”等等；双音节分别重叠的，如“花花绿绿、星星点点、战战兢兢、唯唯诺诺、婆婆妈妈、病病歪歪、密密麻麻、满满登登、兢兢业业、影影绰绰、浑浑噩噩”等等。一个词中只有部分音节进行重叠的叫做部分重叠式，如“绿油油、喘吁吁、雾蒙蒙、凉飕飕、冷丝丝、黑糊糊、活生生、泪汪汪、美滋滋、假惺惺、毛毛雨、哈哈镜、麻麻亮、甜兮兮、红乎乎、酸唧唧、滑溜溜”等等。

词的几个音节不相同的就是非重叠式的词。如“论题、偶像、品质、人格、精神、物质、希望、鼓动、爽快、充沛、辽阔、刊物、图书馆、打印机、天文台、日光灯、向日葵、拖拉机、吉普车”等等。非重叠式的双音词中，有一部分词又有双声或叠韵的关系。

双音词的两个音节声母相同者称为双声。如“伶俐、蜘蛛、参差、踌躇、澎湃、坎坷、仿佛、玲珑、忐忑、含糊、蹊跷、忸怩”等等。

双音词的两个音节韵母相同者称为叠韵。如“逍遥、混沌、嘟噜、吧嗒、朦胧、苗条、徘徊、霹雳、蹉跎、轱辘、葫芦、迷离”等等。

在我国传统语言学中，只有由一个词素构成的双音词，才分析其双声或叠韵的关系，对由两个词素构成的双音词，一般都不做双声或叠韵方面的分析。

**（二）词素的多少方面**

词是由词素构成的，从词素的多少方面分析，又有单纯词和合成词之分。

由一个词素构成的词称为单纯词。如“笔、书、纸、画、看、热、琵琶、孑孓、萝卜、糊涂、咖啡、夹克、意大利、喀秋莎、孟什维克、奥林匹克”等。

由两个或两个以上的词素构成的词称为合成词。如“木头、房子、老虎、阿姨、映衬、贯通、成因、欢迎、春分、槐树、文化宫、研究生、世界观、日光灯、红彤彤、亮晶晶”等。

**（三）词素的性质及组合方式方面**

词由词素构成，由于词素的性质不同，或者词素之间的组合关系不同，就会直接影响到形成各种不同的构词方式。

由一个词素构成的单纯词，它的词素必然由词根词素充当，这类词当然没有组合关系问题。

由两个或两个以上词素构成的合成词，情况就复杂得多。汉语中合成词的构词方式有以下几种。

1. 词根词素和词缀词素相组合。这种合成词，通常都称作派生词。如：

前缀＋词根：

老鹰　老虎　老师　阿姨　第一

第三　初五　初十

词根＋后缀：

帽子　房子　石头　锄头　猛然

忽然　泥巴　盐巴　合乎　似乎

敢于　属于　扭搭　甩搭　敲搭

姑娘家　孩子家　红乎乎　酸溜溜

2. 词根词素相组合。这种合成词，通常都称作复合词。这类词的几个词根都是根据句法的结构规则组合在一起的，可表现为以下几种方式。

(1) 联合式：两个词素之间的关系是平等并列的。

同义联合的，如：

朋友　道路　根本　把握　将领

语言　泥土　声音　包裹　坟墓

离别　制造　行走　倒退　积累

打击　爱好　依靠　把持　斟酌

明亮　艰难　富裕　美丽　宽阔

反义联合的，如：

来往　始终　天地　收发　出纳

是非　反正　伸缩　褒贬　贵贱

得失　长短　开关　深浅　高低

今昔　安危　好歹　利害　买卖

上下　多寡　轻重　冷热　左右

意义相关联合的，如：

豺狼　领袖　骨肉　禽兽　江湖

眉目　岁月　皮毛　心血　山水

人物　窗户　干净　热闹　妻子

描写　琢磨　记载　保管　爱惜

安乐　清凉　柔软　简明　笨重

（2）偏正式：两部分词素之间是修饰和被修饰的关系。如：

汉语　红旗　同学　特写　奇迹

飞机　公路　电车　开水　收条

导师　宋词　西医　防线　跑鞋

重视　沉思　狂欢　欢迎　长跑

热情　绝妙　美观　雪白　笔直

生产力　人造丝　中山服　梅花鹿

木偶戏　计算机　纪念碑　羽毛画

玻璃窗　葡萄干　哈哈镜　毛毛雨

（3）补充式：两个词素之间是补充被补充、注释被注释的关系。分注释型和动补型两种形式。

①注释型有以下几种情况。

有用所属物类进行注释说明的，如：

松树　柳树　韭菜　芹菜　蝗虫

梅花　菊花　淮河　汾河　玉石

鲤鱼　鲫鱼　茅草　鹞鹰　糯米

月季花　水晶石　茅台酒　水仙花

有用事物单位名称进行注释说明的，如：

船只　枪支　钢锭　书本　纸张

车辆　人口　房间　花朵　花束

马匹　布匹　米粒　钟点　银两

灯盏　地亩　事件　稿件　信件

有用事物情状进行补充说明的，如：

白茫茫　静悄悄　凉飕飕　恶狠狠

笑嘻嘻　笑哈哈　喘吁吁　呆愣愣

雾蒙蒙　冷冰冰　泪汪汪　乐悠悠

水淋淋　灰蒙蒙　亮晶晶　直挺挺

②动补型的，如：

提高　改进　离开　撕毁　降低

削弱　隔绝　揭露　放大　缩小

分清　说明　推动　改正　冲淡

促成　记住　打倒　保全　延长

推翻　推进　克服　说服　抓紧

遇见　改良　立正　革新　扩大

(4) 动宾式：两个词素之间是支配和被支配的关系。如：

知己　顶针　董事　司机　理事

描红　裹腿　围脖　护膝　迎春

隔壁　贴心　立夏　管家　连襟

埋头　起草　整风　动员　担心

负责　留意　出版　失踪　避难

剪彩　出气　接力　失眠　毕业

怀疑　冒险　抱歉　观光　吹牛

露骨　耐烦　得意　安心　吃力

（5）主谓式：两个词素之间是陈述和被陈述的关系。如：

秋分　霜降　地震　山崩　海啸

日食　蝉蜕　口红　事变　心得

自觉　胆怯　面熟　眼红　性急

心寒　气馁　人为　风凉　发指

神往　锋利　声张　肉麻　手软

肩负　自动　目击　耳鸣　自杀

心绞痛　肾结石　肝硬化　脑溢血

肺结核　胃下垂　炎得平　痛可宁

（6）重叠式：两个词素之间是重合关系。汉语中的重叠形式的词比较多，复合词中的重叠式，其特点是由词根词素重叠而成，而且绝大部分的词，其意义都与其组成成分的词根词素的意义有着一定的联系。如：

妈妈　姑姑　星星　杠杠　点点

渐渐　悄悄　茫茫　沉沉　重重

婆婆妈妈　星星点点　满满登登

颤颤巍巍　战战兢兢　病病歪歪

## 三　造词构词分析

造词和构词、造词法和构词法既然都不相同，这就使人们有可能从更多的方面对词进行分析和研究。对任何一个词，我们都可以从造词和造词法的角度，去探讨和了解它的产生原因和途径，也能够从构词和构词法的角度，去探讨和了解词的存在形式及其内部结构规律。

下面就从这两个方面对某些词做一分析。

| 例词 | 造词法 | 构　词　法 |
|---|---|---|
| 人 | 音义任意结合法 | 单音词,单纯词 |
| 扣儿(kòur) | 音变法 | 单音词,单纯词 |
| 沙沙 | 摹声法 | 双音词,单纯词,重叠词 |
| 参差 | 音义任意结合法 | 双音词,单纯词,双声词 |
| 腼腆 | 音义任意结合法 | 双音词,单纯词,叠韵词 |
| 劲头 | 说明法 | 双音词,合成词,词根加后缀的派生词 |
| 阿姨 | 双音法 | 双音词,合成词,词根加前缀的派生词 |
| 石头 | 双音法 | 双音词,合成词,词根加后缀的派生词 |
| 摇篮 | 说明法 | 双音词,合成词,偏正式的复合词 |
| 龙眼 | 比拟法 | 双音词,合成词,偏正式的复合词 |
| 三好 | 简缩法 | 双音词,合成词,偏正式的复合词 |
| 扫盲 | 简缩法 | 双音词,合成词,动宾式的复合词 |
| 失望 | 说明法 | 双音词,合成词,动宾式的复合词 |
| 神往 | 说明法 | 双音词,合成词,主谓式的复合词 |
| 建筑 | 双音法 | 双音词,合成词,同义联合式的复合词 |
| 成败 | 引申法 | 双音词,合成词,反义联合式的复合词 |
| 骨肉 | 引申法 | 双音词,合成词,意义相关联合式的复合词 |
| 柳树 | 说明法 | 双音词,合成词,注释说明式的复合词 |
| 改正 | 说明法 | 双音词,合成词,动补式的复合词 |
| 眼睁睁 | 说明法 | 多音词,合成词,部分重叠式,补充说明式的复合词 |
| 红乎乎 | 说明法 | 多音词,合成词,词根加重叠后缀的派生词 |

从以上分析中可以看出,造词法相同的词,构词法却不相同;相反,构词法相同的词,造词法又有所区别。因此,对词分别进行造词和构词的分析是非常必要的。

在汉语实际中,词的造词和构词分析要比以上例词复杂得多。有时在一个词中,往往会表现出多种造词法或多种构词法结合运用的情况。

造词法的结合运用情况，如“万年青”一词是说明“一种植物是常青的”的情况，可认为是说明法，但用“万年”来说明“常青的情况”，又有比喻的性质，所以应该认为人们造“万年青”一词时，是运用了“说明”和“比拟”相结合的造词方法。又如“乒乓球”一词是表示某一种球，它是用“乒乓”说明“球”的，应属于说明法造词。但是它的说明部分“乒乓”又是摹声而来，因此，“乒乓球”一词是用“说明”和“摹声”相结合的方法造成的。

构词法的结合运用情况，如“脑溢血”一词，它是由三个词素构成的，“脑”与“溢血”是主谓关系，“溢”与“血”又是动宾关系，事实上，“脑溢血”一词也是同时具有主谓和动宾两种结构方式，只是按照汉语语法分析的习惯，它首先应以主谓为主要方式罢了。

此外，从词的结构层次方面进行分析，也能够发现一个词可以具有几种不同的造词法和构词法。如“三好生”一词，从造词方面看，第一层“三好”和“生”的组合是说明法，第二层“三”和“好”的组合却是简缩法。从构词方面看，第一层“三好”和“生”的组合结构是偏正式，第二层“三”和“好”的组合结构也是偏正式。又如“朝阳花”一词，从造词方面看，第一层“朝阳”和“花”的组合是说明法，第二层“朝”和“阳”的组合也是说明法。从构词方面看，第一层“朝阳”和“花”的组合结构是偏正式，第二层“朝”和“阳”的组合结构却是动宾式。由此可见，对词进行造词构词分析也是一个非常细致的问题。

## 第 4 节　造词构词的逻辑基础

### 一　造词构词具有共同的逻辑基础

社会上的造词活动都是在人们的认识和现有语言要素的基础上

进行的，人们的认识情况和思维规律，决定着被造成的词的根本面貌。由于语言和思维的密不可分的关系，所以人们的认识情况和思维规律，又往往要通过语言的形式反映出来。前面所谈的各种造词方法，就充分说明了人们造词时的种种认识活动。通过各种造词方法产生出来的新词，也完全表示了人们在造词时，由于种种认识活动而形成的新概念。同时，人们的思维规律也会很自然地通过词的内部结构形式，用语法方面的各种规则表现出来。因此，造词时的思维规律的可理解性，就赋予了构词规律的可分析性，人们造词时的思维活动和结果，与构词中反映出来的情况是一致的，所以，造词和构词具有共同的逻辑基础，造词法和构词法也具有共同的逻辑规律。例如"地震"和"电动"两个词，它们的第一个词素都是名词性的，第二个词素都是动词性的，它们都是用说明法造出来的词。但是在构词分析中，"地震"被认为是主谓式的复合词，"电动"却被认为是偏正式的复合词。为什么会出现这种情况呢？原因就在于，人们造"地震"一词时，思维活动的情况是要说明"地震动了"，因此，就要用一种判断的形式来表示它，反映在语法规则上就是主谓式。"电动"一词的情况却与此不同，人们造"电动"一词时，绝不是要说明"电震动了"而是要说明一种"动"的情况，这种"动"是由于"电"的原因形成的，所以"电动"就要用限定和被限定的关系来表示，反映在语法规则上就是偏正式结构。由此可见，造词时的思维活动以及它所形成的词的基础形式，和构词中的结构规律是相互联系密不可分的。

## 二　汉语造词构词逻辑基础的具体分析

由于语言和思维毕竟是不同的，所以语言的规则和逻辑的规律也不可能完全等同，因此，词素之间的逻辑关系反映在构词规律上，就不可能形成一对一的简单的吻合，而是表现为一种错综复杂的对应。

综观汉语造词构词的逻辑基础，也非常细致复杂。现在仅以现代汉语中的双音词为例，试做如下分析。

### （一）同一关系

同一关系是指两个概念的外延相符合，或者大部分是相符合的。汉语中凡是在概念的同一关系的基础上造成的词，反映在构词上就是同义联合式的词。如：

美丽　增加　积累　帮助　丢失

制造　道路　依靠　购买　寒冷

这类词的两个词素所表示的概念，它们的外延都是基本一致的，如“美丽”的两个词素，都是表示着“漂亮、好看”的概念，两者的外延基本相符合，因此，表示这两个概念的词素“美”和“丽”才能组合成词。概念的同一关系就是这类词的词素得以组合的逻辑基础。

建立在概念的同一关系上组成的新词，一般说来，它的意义都是由词素的意义相互补充融合而成。新词的意义和各词素的意义是一致的，它们之间是一种同义的关系。

### （二）同位关系

同位关系是指两个不相同但却相关的概念，它们都是属于同一个类概念之下的种概念，两者处于同等位置的关系之中。汉语中凡是在这种概念的同位关系的基础上造成的词，反映在构词上，就是联合式中意义相关联合式的词。如：

豺狼　书报　笔墨　学习　批改

钢铁　粮草　禽兽　针线　花草

“豺狼”是由“豺”和“狼”组成的，“豺”和“狼”表示的是两个不相同的概念，但对于“猛兽”这一类概念来说，它们却是两个处于同等位置的种概念，所以“豺”和“狼”是同位关系。人们思维规律中概念之间的同位关系，就是这类词词素组合的逻辑基础。

在同位关系的基础上组成的新词，一般说来，它的意义往往是在两个词素意义的基础上相互补充、融合深化而成，但情况又不完全相同。有一部分新词的意义，是和两个同位种概念所共同隶属的类概念的意义相当或相关。如“豺狼”是“凶恶的猛兽”的意思，和“猛兽”的意思是相当的。“书报”的意义指“图书报刊”，和“书”“报”隶属的类概念“供学习阅读的东西”的意义也是相关的。还有一部分新词，它的意义则要受到语言内部或社会使用方面的某些制约，在融合深化的过程中，得到新的发展。如“笔墨”的意义就已经不是指“书写的工具”，而是引申为指称书写出来的东西“文字或文章”了。又如“领袖”“爪牙”“口舌”“人物”“窗户”“干净”等词也是这样的情况。这些词都是在同位关系的基础上组合词素而成的，只是像“领袖”“爪牙”“口舌”等，它们都是在原词素意义的基础上，通过引申和比喻，形成了一个新的意义，表示了一个与原来两个词素所表示的完全不同的新概念。“人物”“窗户”“干净”等词的情况则有所不同，由于它们的成词途径不同，结果使它们完全发展成了偏义词，新词的意义只能和一个词素的意义相吻合，另一个词素的意义则消失了。但是，尽管如此，我们却不能否认，这类词词素组合的逻辑基础，仍然是两个词素所表示的概念之间的同位关系。

**（三）对立关系**

对立关系是指概念的矛盾关系和反对关系来说的。

矛盾关系是指包含在同一个类概念的外延之内的两个概念，它们的外延互相排斥。而它们的外延相加就等于所属的类概念的外延。如“生死”中的“生”和“死”，它们的外延是互相排斥的，但两者却都包含在“生存和死亡”的类概念的外延之内。

反对关系是指包含在同一个类概念的外延之内的两个概念，它们在外延上也是互相排斥的，但是它们的外延相加要小于所属的类概念的外延。如“甘苦”中的“甘”和“苦”就是这种情况，“甘”和“苦”在外延上互相排斥，但却都属于“味”这一类概念的外延之内，然而，

“甘”和“苦”的外延相加，却要小于“味”的外延。

无论是矛盾概念还是反对概念，由于它们在外延上是互相排斥的，所以它们在内涵上都是对立的，都处在相互对立的关系之中。汉语中凡是在这种对立关系的基础上造成的词，反映在构词上，就是联合式中反义联合式的词。如：

多少　呼吸　来往　开关　出纳

长短　深浅　收发　始终　左右

这类词的词素都是表示了一对互相对立的概念。如“多”和“少”所表示的两个概念，在外延和内涵方面都是明显对立的，但两者却共同包含在“量”这一类概念的外延之中。

在对立关系的基础上组成的新词，词义的情况比较复杂。有一部分词，它的词义就反映了词素表示的两个概念所共同从属的类概念。如“呼吸”就是“呼”和“吸”共同从属的类概念。也有一部分词，它的词义除了可以表示类概念外，同时还可在此基础上得到新的发展，进一步表示某种事物或情况。如“长短”，它除可以表示类概念“长度”以外，还可以表示“意外的事故”和“是非”等。另外还有一部分词，它的词义并没有表示类概念，而是表示了与词素所表示的概念有关的事物。如“开关”的意义就是这样，它只是表示了与“开”“关”的动作有关的用来进行开关的事物名称罢了。

**（四）从属关系**

从属关系是指外延较小的种概念，可以包含在外延较大的类概念之内，种概念从属于类概念，两者是从属关系。汉语中凡是在这种概念关系的基础上造成的词，反映在构词上，就是补充式中用物类注释说明的一类词。如：

鲤鱼　柳树　梅花　芹菜　淮河

茅草　玉石　蝗虫　鹞鹰　菊花

这类词的两个词素所表示的概念就是种概念和类概念的从属关系。

如“梅”原来就是一种花的名称,“梅”是“花”的种概念,“花”是“梅”的类概念,所以“梅”和“花”是从属的关系。

通过从属关系组成的新词,它的意义都是和表示种概念的词素的意义一致的。从构词的角度看,表示类概念的词素,对表示种概念的词素,在意义上起了注释和补充说明的作用。

**(五)限定关系**

限定关系是指甲乙两个概念,其中甲概念是主要的,乙概念对甲概念起着限定说明的作用,从而使被限定说明的甲概念,在增加了内涵的情况下,从一个外延较大的概念,过渡成为一个外延较小的概念。所以通过限定关系形成的组合体,就会使外延较宽的类概念,形成为外延较窄的种概念。从词的情况看,凡在限定关系上组成的新词,它所表示的概念,都是它的主要词素所表示的概念的种概念。如“汉语”就是“汉”和“语”在限定关系的基础上组合成的,“汉”对“语”加以限定说明,结果“汉语”表示的概念,就是“语”所表示的概念的种概念,“汉语”和“语”是种概念和类概念的关系。汉语中凡是在概念的限定关系的基础上造成的词,反映在构词上就是偏正式的词。如:

电扇　胶鞋　公路　飞机　红旗

台灯　主观　奇迹　狂欢　雪白

在限定关系的基础上组成的词,汉语词汇中是大量存在的,如同是“桌”,“方桌”“圆桌”是从形状方面,用“方”“圆”对“桌”加以限定,“饭桌”“书桌”则是从用途方面,用“饭”和“书”对“桌”加以限定。人们可以从不同的角度,对各种不同的事物进行限定,从而把两个表示不同意义的词素,组合在一起形成新词。

当然,语言和逻辑是不同的,所以,语言中的词形成以后,有一部分词的意义,在社会运用和约定俗成中,往往又出现了新的变化和发展。如“红旗”“白旗”等成词以后,它们的意义就不再单纯地表示“红的旗”和“白的旗”了,而是意义更加抽象化,具有了“象征革命”和“表示投降”等更加丰富深刻的新内容。

汉语的偏正式构词中还有一部分词，它的词素组合虽然也是建立在概念的限定关系的基础上，但是和前面所谈的情况却不完全相同。如“雪白”“冰凉”“墨黑”“火热”等。这类词的两个词素所表示的概念之间，往往存在着一种比喻式的限定关系，表示喻体的概念对表示被喻体的概念加以限定，如“像雪一样白”“像冰一样凉”等。这样产生的新词所表示的概念，比原词素中表示的被限定的概念，在意义上起了进一步加强的作用（这类词都不需要再用“很”来修饰），但两者却未形成种概念和类概念的关系。

除偏正式构词外，在概念的限定关系的基础上进行造词的，还有补充式中用事物单位名称注释说明的一类词。如：

布匹　纸张　房间　人口　船只

车辆　事件　花朵　枪支　书本

这类词的词素也是表示了两个不同的概念，其中后一个表示事物单位的概念，对前一个表示事物的概念加以限定，并对被限定的概念起着注释补充的作用。这样形成的词，其意义往往都是表示着被限定事物的集体概念的意义。

**（六）支配关系**

支配关系是指前一个概念表示一种行为，后一个概念则表示这种行为所涉及的事物和情况，前者对后者有支配的作用。汉语词汇中有许多词就是在支配关系的基础上造成的。如：

埋头　起草　庆功　动员　整风

担心　知己　顶针　裹腿　分红

以上例词都是在概念之间支配关系的基础上组成的。反映在构词上就是动宾式的词。动宾式的词词素所表示的概念之间，都表现为一种行为和行为所涉及的事物的关系。

在支配关系的基础上形成的新词，其意义都是由两个词素的意义融合和进一步引申而成，其中，充当谓词性的词素往往起着更重要的作用。

此外，汉语词汇中动补式的词，如：

提高　削弱　离开　改进　降低

撕毁　击破　放大　隔离　促成

这类词词素组合的逻辑基础，也是概念之间的支配关系。当然，动补式的词和动宾式的词有所不同。动补式的词，它的两个词素所表示的概念之间，往往表示了一种行为和这种行为所造成的情况的关系。如“提高”是由于“提”的动作行为而造成“高”起来的情况，“撕毁”是由于“撕”的动作行为而造成“毁”的情况。所以在动补式中，虽然谓词性的词素所涉及的不是它所支配的事物，但是它却涉及着由它而造成的情况，没有前一种动作，就不可能产生后一种情况，从这一意义上说，后面的情况仍然是受着前面动作的支配和影响。因此，动补式的词词素组合的逻辑基础，仍然是概念之间的支配关系。

在支配关系的基础上产生的动补式的词，其特点和动宾式相同。新词的意义也都是由两个词素的意义融合和引申而成，充当谓词性的词素，也同样起着更重要的作用。

**（七）判断关系**

判断关系是指两个概念连在一起，可以构成一个判断，前一个概念可以充当判断的主项，后一个概念可以充当判断的谓项。汉语中以判断关系为基础造成的词，反映在构词上，就是主谓式的词。如：

性急　自觉　国营　民办　年轻

地震　胆怯　心虚　眼馋　口吃

从逻辑方面分析，这类词的前后两个词素所表示的概念，完全能够充当判断中的主项和谓项，并因此而构成了一个判断。如“性急”说明了“性子是急的”就是一个判断。

### （八）重合关系

重合关系比较简单，它是指一个概念重复出现之后形成的前后概念的重复关系。重合关系反映在构词上就是重叠式的词。不过在构词中，词根词素重叠后形成的新词，在意义上与词根词素的意义相比，有的意义完全相同，有的也有所融合和发展。

从以上分析可知，汉语的造词和构词与逻辑是有密切联系的，虽然一些有逻辑关系的成分，不一定都能组合成词，虽然有一些词是根据语言本身的性质特点（如形态方面的特点等）产生出来的，但是，凡是反映在构词上是属于句法关系的构成方式组合成的词，它们的词素组合，则都是建立在一定的逻辑基础上。人们造词时的认识和思维规律，就是词素得以组合的根据，这些组合的方式，不但体现了词素之间的各种逻辑关系，而且也给予了这些组合以可解释性。

了解了造词构词的逻辑基础，对认识和分析词的构成问题是有实际意义的。如“鲫鱼”和“带鱼”两个词，从意义上看都是指的一种鱼，从形式上看也很相似，但是两者的构词方式却不同，因为它们各自的词素之间的逻辑关系是不一样的。“鲫鱼”中的“鲫”本身就是一种鱼，“鲫”和“鱼”是种概念和类概念的关系，它的造词构词的逻辑基础是概念之间的从属关系，所以在这里，“鱼”对“鲫”只起着补充和注释的作用，“鲫鱼”是一个补充式中用物类注释说明的词。“带鱼”的情况却完全不同，“带”单独存在时并不表示“鱼”的意思，只有和“鱼”相组合形成“带鱼”时，才表示了一种鱼的名称。所以“带”和“鱼”的关系是根据概念间的限定关系相组合的，其中“鱼”是主要的词素，“带”则从鱼的形状方面对“鱼”加以限定，因此，反映在构词方式上，“带鱼”则属于偏正式结构。

结合逻辑关系对词进行分析，对词的构成方式就容易了解了。如“河流”一词在构成方式的问题上，大家的看法就有分歧。有的人主张“河流”是主谓式结构，[1]这种看法是值得商榷的。从逻辑关系方面来分析，“河流”是由“河”和“流”两个词素构成的，如果把“河流”看作主谓结构，反映到逻辑上就等于说“河流”是一个判断，它成了表示“河在流动”，这是不合逻辑的，因为“流动”的只能是“水”，而不能是整个的“河”，所以“河”和“流”组合成词的逻辑基础绝不是判断关系，“河流”一词也不是主谓式结构。应该说“河”和“流”是在概念的同一关系的基础上组合成“河流”的，“流”在这里表示的并不是“流动”的概念，而是指“水流”的意思，《现代汉语词典》（修订本）中“流”的第⑥个注释就是“指江河的流水”，可见，“河”本身是一种“水流”，“流”也指称“水流”，因此，两者在同一关系的基础上组合成词。反映在构词上，“河流”是联合式中的同义联合结构。在构词分析中，这种意见分歧的情况还是经常存在的，如“自动”和“主动”的构词方式是否相同？“电流”“饼干”等词是主谓式还是偏正式？“摇篮”“拉锁”“跳棋”等是动宾式还是偏正式？对这类问题，只要结合造词构词的逻辑基础进行分析，就不难得出正确的结论来。

当然，承认词素组合的可解释性，并不等于说这样构成的新词的意义，都是词素表示的概念及其逻辑关系的简单反映。从以上分析中也可看到，新词的意义完全可以在原有词素意义的基础上，通过引申比喻，或者根据客观事物发展的条件，以及社会运用中约定俗成的各种情况，使词义获得新的更进一步的发展。所以一个合成词的词义，是不应只从词素的意义和关系方面做简单理解的。但是尽管如此，我们也必须看到，人们最初造某个词时，从当时的认识和思维情况看，词素的组合是有逻辑规律可循的，而这种规律

① 参见崔复爰《现代汉语构词法例解》第 32 页，山东人民出版社 1957 年版。此外，某些教材中也有这种看法。

又必然要反映到构词方式中来，这就形成了造词构词的逻辑基础。在造词构词分析中，这种逻辑基础是绝对不能够忽视的。

**构词规律与逻辑规律对应表**

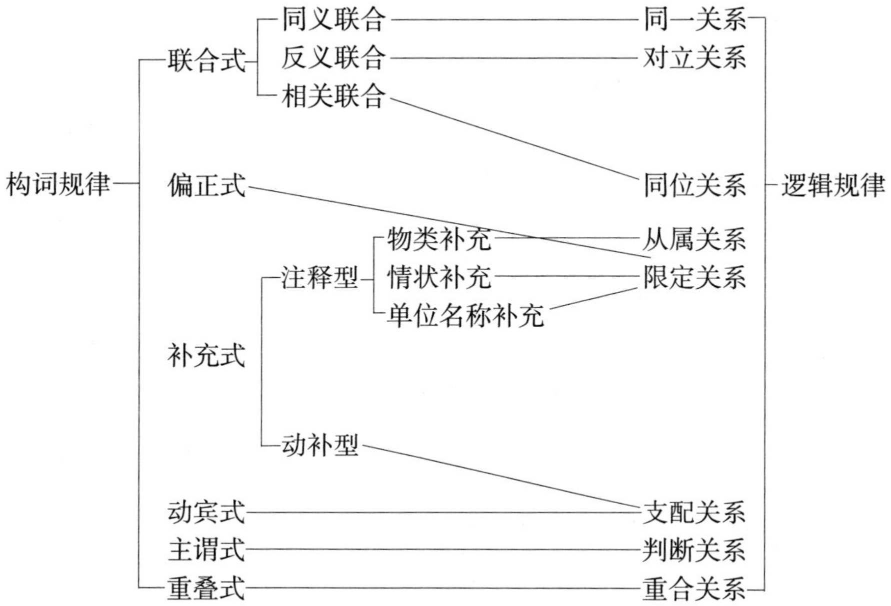


# 第 5 节　汉语的构形法

## 一　什么是构形和构形法

构形就是词的形态变化的问题，一个词通过不同的形态变化，可以表示不同的语法意义。词的形态变化的方法就是构形法。构形法在语言中的情况和作用会根据不同的语言而有所不同，在形态变化丰富的语言中，例如在俄语、英语等语言中，形态变化表示语法意义的作用是很明显的；在形态变化不丰富的语言中，其作用相应地就显得比较弱了。

## 二　汉语的构形法

汉语是一种形态变化很不丰富的语言，因此在汉语中，许多词都没有形态变化的情形。汉语中只有少类的词，如名词、代词、动词、形容词以及量词等存在着一些形态变化的情况。但是就这几类词来说，情况也各不相同。在名词中，一般只有表示“人”的词和带有量词性质的名词，才会有形态变化。在代词中，也只有人称代词一类，才容易出现形态变化问题。当然在言语中产生的活用情况不在这讨论范围之内。

在汉语的构形变化中，反映出来的构形法的类型也是比较少的，经常使用的大致有以下几种。

### （一）附加法

附加法就是把词尾词素附加在词干后面以进行形态变化的方法。例如：

我——我们　　　　你——你们

老师——老师们　　朋友——朋友们

以上是代词和表示人的名词加词尾词素“们”进行形态变化的情况，加了“们”增加了表示“多数”的语法意义。又如：

看——看着　　看——看了　　看——看过

商量——商量着　　商量——商量了　　商量——商量过

以上是动词加词尾词素“着”“了”“过”等的情况，动词进行了这种形态变化后，都增加了表示“体”的语法意义，词尾“着”表示“进行体”的语法意义，“了”表示“完成体”的语法意义，“过”则表示“曾经完成体”的语法意义。

### （二）重叠法

重叠法就是将整个词进行重叠，或者把词中的词素分别进行重叠，或者将词中的部分词素进行重叠以形成形态变化的方法。

整个词进行重叠的，如：

AA 式：人——人人　天——天天　家——家家

件——件件　个——个个　趟——趟趟

走——走走　扫——扫扫　洗——洗洗

高——高高　红——红红　长——长长

ABAB 式：研究——研究研究　调查——调查调查

考虑——考虑考虑　整理——整理整理

雪白——雪白雪白　笔直——笔直笔直

词中的词素分别进行重叠的，如：

AABB 式：大方——大大方方　利索——利利索索

安静——安安静静　快乐——快快乐乐

勤恳——勤勤恳恳　轻快——轻轻快快

词中的词素部分进行重叠的，如：

AAB 式：跑步——跑跑步　把关——把把关

抓紧——抓抓紧　喷香——喷喷香

梆硬——梆梆硬　滚热——滚滚热

ABB 式：冷清——冷清清　亮堂——亮堂堂

干巴——干巴巴　慢腾——慢腾腾

干净——干净净　暖和——暖和和

A 里 AB 式：模糊——模里模糊　马虎——马里马虎

糊涂——糊里糊涂　肮脏——肮里肮脏

啰唆——啰里啰唆　慌张——慌里慌张

以上是目前汉语中存在的构形方式和方法。从以上例词中可以看出，各类词的构形方式有的是相同的，有的又有所区别；它们所表示的语法意义也各有所异。

就“AA 式”来说，名词和量词重叠后都增加了“逐指”的语法意义，即变化后的形式都有“每一”的意思。动词重叠后却表示了“短暂态”“尝试态”的语法意义，如“看看”“试试”等等，除了表示原有的词汇意义之外，都有着“短时间的、一下”的意思。形容词重叠后除了表示一种“强调的意味”外，更多的则是表示了“略微的、适中的”语法意义。与此同时，还能够赋予词一种喜爱和赞许的感情色彩，如“甜甜的”“辣辣的”与“很甜”“很辣”，虽然都表示“甜”“辣”的意义，但其表意的意味却不一样。

就“AAB 式”来说，动词形态变化后，增加了“短暂态”和“强调的意味”。形容词形态变化后则明显地表示了“加强态”的语法意义，增加了“强调的意味”。

就“ABB 式”来说，基本都是形容词的构形方式，词进行形态变化后，都表示了“加强态”的语法意义，起到了加重词的词汇意义的表意作用。

就“ABAB 式”来说，这是整个词进行重叠的一种构形形态，动词和形容词都可以采用这种方式来进行形态变化。动词变化后会增加表示“短暂态”和“尝试态”的语法意义；形容词变化后则增加了表示“加强态”的语法意义，并有着“非常强调的意味”。

就“AABB 式”来说，这主要是形容词的构形方式，词形变化后也是增加了“加强态”的语法意义。不过在意义加强之余，还有着“赞许和肯定的意味”。

就“A 里 AB 式”来说，这也是形容词的构形方式，但是这种方式一般都是应用于带贬义的词，用这种方式进行词形变化后，除了增加了“加强态”的语法意义之外，还增加了“厌恶态”的感情色彩。

从以上分析中可以看出，汉语的构形方式多以重叠式为主，而在各个词类中，又以形容词的构形方式为最多。因为汉语是一种缺乏形态变化的语言，因此汉语中的许多词是不能进行构形的。如“天空”“客观”“显微镜”“超声波”等。有些可以进行构形的词，一般说来，每个词都有相对固定的构形形式。如果一个词在某种条件下,改变了自己原有的构形形式,而采用了另一种构形形式,那么,它就会因此而改变了词性,同时也必然会影响到词汇意义发生相应的变化。如"热闹"是形容词,它的相对固定的构形形式是"AABB"式,重叠后的"热热闹闹"具有"加强态"的语法意义。但是有时"热闹"也可以按照"ABAB"式进行重叠为"热闹热闹",如"同学们准备在新年晚会上热闹热闹。""热闹"的重叠形式改变了,它的词性也由形容词变成了动词,同时词汇意义也由"非常热闹"变成了"使之热闹"的意思。

## 三 构词与构形的区别

构词和构形是两个完全不同的概念,因此构词法和构形法也是完全不同的。构词法研究的对象是一个个独立的词,通过对一个词的词干的分析和研究,从而了解该词的结构规律,以及与此有密切关联的词汇意义,这就是构词法研究的内容。

构形法研究的对象则是一个个词的不同变化形式,这些变化形式都是依附于某个独立的词而存在的,构形法通过对这些变化形式的分析和研究,从而了解该词在不同形式下所表现出来的不同的语法意义和附带的词汇意义和色彩意义。可见,构词法和构形法在研究的对象和范围方面都是不一样的。

汉语词汇中,尽管构词法和构形法不同,但是有时,它们却往往表现出相同的形成方法和形式,因此,对汉语的构词构形问题,必须要有明确的认识和区分。

构词法和构形法的不同,一般可以从以下两个方面进行分辨。

### (一)从词的意义方面区分构词与构形

因为构词法是研究词干的构成和词汇意义的,所以凡词形变化后,词汇意义并未改变或者完全改变者,都是构词问题。因为构形法是通过同一个词的不同变化形式,以分析研究词的语法意义和附带的词汇意义和色彩意义的，所以凡是词形变化后，词汇意义基本不变，只改变了语法意义和增加了附带的词汇意义和色彩意义者是构形问题。

构词的情况，如：

妈——妈妈　　姑——姑姑

星——星星　　舅——舅舅

以上例词中的双音形式，都是由单音形式重叠而成，重叠前后的两种形式，在词汇意义、语法意义和色彩意义上都是相同的，因此，这类例词中的单音形式和双音形式都是词。这些双音形式都是适应汉语词汇双音化的发展趋势，由双音化造词法造出的词，是构词中的双音重叠形式。

构词中还有一种情况，即重叠后的形式，完全改变了被重叠的基础词的原义，形成了具有新义的新词。如：

断(把东西截开或判断的意思)——断断(绝对)

通(没有堵塞或使之不堵塞的意思)——通通(全部的意思)

宝(珍宝)——宝宝(对小孩的爱称)

斤(市斤的通称)——斤斤(过分计较)

祖辈(祖宗，祖先)——祖祖辈辈(世世代代的意思)

缝补(缝和补)——缝缝补补(泛指缝补工作)

旮旯(角落)——旮旮旯旯(所有的角落)

以上例词中，有的是单音词重叠而成，有的是双音词重叠而成，它们的共同特点是重叠前后的词汇意义各不相同。因此，它们都是各自独立的词，而不是词的构形。

构形的情况与此不同。如：

同志——同志们　　同学——同学们

我——我们　　他——他们

这类词经过附加词尾词素“们”变换形式后，只增加了“多数”的语法意义，词的词干部分和词汇意义都未改变。

看——看着，看了，看过

想——想着，想了，想过

写——写着，写了，写过

说——说着，说了，说过

这类词经过附加词尾词素“着”“了”“过”变换形式后，只增加了表示“体”的语法意义。但是，无论表示哪种体的语法意义，词的词汇意义都没有改变。

人——人人　　年——年年

天——天天　　家——家家

趟——趟趟　　件——件件

这类词都是量词的词形变化形式，单音量词以“AA”式重叠以后，在词汇意义不变的情况下，只增加了“每”等逐指的附加意义，而“人”和“年”的词汇意义并没有变化。

又如：“AA”式

走——走走　　找——找找

读——读读　　玩——玩玩

猜——猜猜　　瞧——瞧瞧

“AAB”式

鼓掌——鼓鼓掌　　把关——把把关

跑步——跑跑步　　留心——留留心

讲情——讲讲情　　受罪——受受罪

“ABAB”式

研究——研究研究　　调查——调查调查

考虑——考虑考虑　　商量——商量商量

学习——学习学习　　讨论——讨论讨论

这是一组动词的词形变化形式，单音动词都按照“AA”式进行重叠，双音动词则按照“AAB”式和“ABAB”式进行重叠，变化后的形式都增加了表“短暂态”和“尝试态”的语法意义。也有少数的双音动词如“打巴”“甩搭”等，重叠后变成为“打巴打巴”“甩搭甩搭”时，则具有了“反复态”的语法意义。但是不管怎样，这些动词的词汇意义都没有发生任何的变化。

再如：“AA”式

高——高高　　红——红红

白——白白　　大——大大

深——深深　　胖——胖胖

“AAB”式

喷香——喷喷香　　冰凉——冰冰凉

梆硬——梆梆硬　　滚热——滚滚热

“ABB”式

冷清——冷清清　　乱腾——乱腾腾

亮堂——亮堂堂　　干巴——干巴巴

“AABB”式

冷清——冷冷清清　　大方——大大方方

简单——简简单单　　清楚——清清楚楚

快乐——快快乐乐　　利索——利利索索

勤恳——勤勤恳恳　　马虎——马马虎虎

“ABAB”式

梆硬——梆硬梆硬　　雪白——雪白雪白

笔直——笔直笔直　　喷香——喷香喷香

彤红——彤红彤红　　墨黑——墨黑墨黑

“A里AB”式

马虎——马里马虎　　慌张——慌里慌张

糊涂——糊里糊涂　　肮脏——肮里肮脏

啰唆——啰里啰唆　　邋遢——邋里邋遢

以上是一组形容词的词形变化形式，单音形容词都是按照“AA”式进行重叠的，双音形容词的构形有五种重叠形式，即：“AAB”式，“ABB”式，“AABB”式，“ABAB”式，“A里AB”式。有的形容词可以具有两种重叠的构形形式，如“冷清”，既可重叠为“冷清清”，也可重叠为“冷冷清清”；“梆硬”既可重叠为“梆梆硬”，也可重叠为“梆硬梆硬”；“慌张”既可重叠为“慌里慌张”，也可重叠为“慌慌张张”。不过无论按照哪一种方式进行构形，形容词重叠后，除了只能表示“加强态”“轻微态”或“厌恶态”等语法意义外，它们的词汇意义也都没有改变。

**（二）从词的形式方面区分构词与构形**

因为构形是同一个词的不同形式的形态变化问题，所以它变化前的形式都是词。构词却不相同，因为词是由词素组成的，所以变化之前的形式可以是与词的形式相同的可成词词素，也可以只是用以组词的非词词素，而且最重要的是由此变化而出现的新形式都是由词素根据构词方式进行组合后产生出来的新词，这些具有新形式的词都是各自独立的，都具有自己的词汇意义，因此这不是构形形式。这种情况在重叠式的形式中，尤应加以区分。现在以共时的情况为例，如：

津——津津　冉——冉冉　翩——翩翩　萋——萋萋

妈——妈妈　舅——舅舅　断——断断　落——落落

祖辈（祖宗，祖先）——祖祖辈辈（世世代代的意思）

缝补（缝和补）——缝缝补补（泛指缝补工作）

走——走走　尝——尝尝　大——大大　圆——圆圆

以上例词中，“津”“冉”“翩”“萋”等成分，因为它们现在已不能独立成词了，所以它们都是非词词素，因此毫无疑问，它们重叠后的形式都是词；“妈”“舅”“祖辈”“缝补”等几例，在这里也都是以词素的身份构成为词的，所以重叠后的“妈妈”等也都是以词的形式出现的。所以必须明确，它们进行重叠时，绝不是以词的身份出现，而是以词素的身份按照构词的规律进行重叠的，所以表现在词的词汇意义上与构形也截然不同，“妈”和“舅”重叠后的词汇意义完全没有改变，而“祖辈”和“缝补”重叠后，它们的词汇意义则完全改变了，所以它们重叠前后的形式都是词，这些例词都是运用重叠方式构成新词的。再看“走”“尝”“大”“圆”等情况却不一样，因为它们重叠前后的形式在词汇意义上并未发生改变，所不同的仅仅是重叠后发生了语法意义的变化，因此它们都是同一个词的形态变化形式，所以这些例词都是构形而不是构词。

再如以下几组例词：

1. ①：呱呱叫——呱叫　　茇茇草——茇草
毛毛雨——毛雨　　婆婆丁——婆丁
哈哈镜——哈镜　　猩猩草——猩草
②：鼓鼓掌——鼓掌　　讲讲情——讲情
冰冰凉——冰凉

2. ①：眼巴巴——眼巴　　美滋滋——美滋
绿油油——绿油　　甜丝丝——甜丝
雄赳赳——雄赳　　明晃晃——明晃
②：慢悠悠——慢悠　　暖和和——暖和
昏沉沉——昏沉

3. ①：星星点点——星点　　兢兢业业——兢业
满满登登——满登　　唯唯诺诺——唯诺
婆婆妈妈——婆妈　　病病歪歪——病歪
②：蹦蹦跶跶——蹦跶　　磨磨蹭蹭——磨蹭
爽爽快快——爽快　　明明白白——明白

以上三组例词，从表面形式上看，每组中的①②两类词，其重叠形式都是一样的;同时这三组词都具有一个共同点,那就是每组中的第①小类,前者都是重叠后的形式,后者却是两个并未形成词的词素,这两个词素在一起孤立存在时并不是词,前面的具有重叠结构的形式,就是运用其后面的词素组合而成的,所以前面的重叠形式都是运用重叠式的构词规律形成的独立的词,它的重叠形式是属于构词问题。但是每组例词中的第②小类却与此不同,它们后面的成分都是一个个独立的词,前面的重叠形式都是它们的构形形式,是同一个词进行了形态变化的结果,因此这些重叠形式都属于构形问题。由此可见,通过对重叠前存在形式的分析,也可以辨别构词和构形问题。

正确的辨别构词和构形是非常必要的,这直接影响到对词的认识和分词问题。例如在“大家讨论讨论”“一个个”等词组中,到底有几个词呢,正确的回答当然是两个词,因为“讨论讨论”和“个个”都是“讨论”和“个”的构形形式,所以把它们也当作两个词是不对的。

# 第四章

# 词　　义

## 第 1 节　词义概说

词是声音和意义的结合体，语言中的每一个词都有它的声音和意义，声音是词的形式，意义是词的内容。可以说，词的意义内容就是我们所说的词义。但是如果仅仅这样来理解词义，显然是很不够的。因此应该做进一步的讨论。

### 一　词义的内容

既然词义就是词所表示的意义内容，那么，我们在认识词义时，首先就应该了解词都表示着什么样的意义。如"书"表示着"装订成册的著作"的意义，"杰出"表示着"（才能、成就）出众，不平凡"的意义，"奉承"表示着"用好听的话恭维人，向人讨好"的意义。当然，不可否认这些意义都是词义包括的内容。但是再进一步考虑，我们就会发现，除以上意义外，"书"还表示着"名词，可做主语、宾语……"等意义，可用于口头、书面等各种场合，具有中性色彩；"杰出"还表示着"形容词，可做定语……"等意义，具有褒义色彩；"奉承"还表示着"动词，可做谓语、定语……"等意义，多具有贬义色彩。以上这些也都是词所表示的意义，那么，词的这些意义，是不是词义的内容呢？应该说，这些也都是词义的内容，都可称为词义。由此可知，凡是词所表示的意义，都属词义的范围，所以词义所包括的内容是很丰富的。

概括地说，词义包括着词的词汇意义、语法意义和色彩意义三个部分。

**（一）词汇意义**

词的词汇意义是指词所表示的客观世界中的事物、现象和关系的意义。如“装订成册的著作”就是“书”一词所表示的词汇意义，“（才能、成就）出众，不平凡”就是“杰出”一词所表示的词汇意义，“用好听的话恭维人，向人讨好”就是“奉承”一词所表示的词汇意义。语言中的词都是用来指称客观世界中的事物、现象和关系的，所以每个词都有它的词汇意义，实词是这样，虚词也是这样。目前语言学界对虚词有没有词汇意义，虚词能不能表示概念的问题，仍然存在着不同的看法，有的人就认为虚词不表示概念，只有语法意义而无词汇意义。事实上，要说明这个问题，首先应该从词的本质功能来考虑。谁也不能否认，词是一种音义结合体，是语言中的指称符号，它们都表示着客观世界中的实际存在，包括那些被人们认识了的抽象的实际存在在内，同时它们也都表示着这些实际存在的意义内容，任何词都应该是这样，如果不是这样就不应该是词。虚词是语言词汇的一个组成部分，虚词的词汇意义大都是客观世界中所存在的某种关系的反映，如“并且”的词汇意义就是“表示更进一层”的意思，“以至”的词汇意义就是“直到，表示在时间、数量、程度、范围上的延伸”的意思，“和”的词汇意义就是“表示联合、联同”的意思。也有的虚词表示了客观存在中的人们的某种感情和态度，如“表示惊异的感情和态度”就是“啊（ǎ）”的词汇意义，“表示应诺和理解了的感情和态度”就是“啊（à）”的词汇意义，“表示答应或叹息”就是“唉”的词汇意义。毫无疑问，这些虚词所表示的人们的感情和态度也是一种客观存在，人们对这种感情和态度进行认识的结果也能形成概念，如上面所说的这些词表示的词汇意义就是一种概念，因此我们说，虚词也是有词汇意义的。

### （二）语法意义

词的语法意义是指词的表示语法作用的意义。词的语法意义是语言中词的语法作用通过类聚之后所显示出来的，所以它是一种更抽象更概括的意义。如语法中的“名词”就是对语言中表示客观事物名称的词的一种语法概括，“主语”就是对名词等某些词类的语法作用的一种概括。语言中的每一个词都从属于某种语法关系的类聚和概括之中，所以每一个词也都具有一定的语法意义。如“名词，可做主语、宾语……”等就是“书”的语法意义，“形容词，可做定语……”等就是“杰出”的语法意义，“动词，可做谓语、定语……”等就是“奉承”的语法意义，“连词，连接并列的动词、形容词、副词和小句”就是“并且”的语法意义，同样，“连词，连接两个以上的词、词组或分句等”就是“以至”的语法意义。

### （三）色彩意义

词的色彩意义是指词所表示的某种倾向或情调的意义，这种意义也是社会约定俗成的。如“股骨”和“大腿骨”、“祖母”和“奶奶”都是指的同一种事物，具有相同的词汇意义和语法意义，但是它们的色彩意义却不相同，“股骨”和“祖母”具有书面语色彩，“大腿骨”和“奶奶”则具有口语色彩。又如“效果”“结果”和“后果”一组词，它们的色彩意义也完全不同。“效果”除有时具有中性色彩外，一般多具有褒义的色彩，“后果”就具有贬义的色彩，而“结果”则具有中性色彩。语言中每一个词都有自己的色彩意义。有的词具有形象色彩，如“佛手”“龙眼”“鸡冠花”等；有的词具有亲切的色彩，如“同志”“乡亲”“妈妈”等；有的词具有庄重严肃的色彩，如“瞻仰”“诞辰”“会晤”等；有的词具有使人憎恨和厌恶的色彩，如“叛徒”“流氓”“走狗”等；还有更多的词则具有中性的色彩意义，如“人”“树”“钢笔”“粮食”“所以”“并且”“以至”“但是”等等。一个词可以具有一种色彩意义，也可以具有多种色彩意义，如“母亲”一词就具有亲切的、庄重严肃的、多用于书面语等几种色彩意义。

词的词汇意义、语法意义和色彩意义是互相联系，互为一体的，它们共同充当词义的内容。我们只有从这三个方面来分析和认识词义，才能对词的意义有比较全面的了解。

当然，我们也不能否认，在词义所包括的三个内容当中，词汇意义是最主要的。因为只有当词具备了词汇意义的时候，词才能成为表示客观存在的符号，才能成为语言中的词。也只有当词具有了词汇意义的时候，它才能进一步获得语法意义和色彩意义。正因如此，所以有时候，“词义”这个名称也往往被用来单纯指称词的词汇意义。

## 二　词义的特征

词义呈现出来的特征是多方面的，下面分别说明。

### （一）词义的客观性

词是表示客观存在的语言符号，词义中的主要部分词汇意义表示着客观世界中的事物、现象和关系，事实上，词的语法意义和色彩意义也都是客观存在的反映，这一切就说明了词义是表示客观存在的，所以，一切客观存在和人们对客观存在的认识，就是词义产生的客观基础。没有客观存在，就无从产生词义，没有人们对客观存在的认识活动，词义也不可能产生。如“树”，正因客观世界中存在着“树”这种客观事物，所以人们才能对它进行认识，才能产生了表示“树”的词，也才能产生了“树”的词义。

客观存在虽然是词义产生的基础，但却不能认为词义和客观存在就可以完全符合或者等同，更不能说词义就是客观存在本身，因为词义表示客观存在时，还要受到人们认识的制约。由于人们认识的不同，就使得词义表示客观存在的情况也各有差异。如有的词义是在人们对客观对象正确全面认识的基础上产生的，这样的词义就比较符合客观对象的实际。如“农具”的词义是“进行农业生产所使用的工具”，“画像”的词义是“画成的人像”等。有的词义是在人们对客观对象只有部分认识的基础上产生的，这样的词义虽然也能表示客观对象的某些特点，但却不能比较全面地表明客观对象的情况。如过去对“水”的理解只是“无色的流质，饮食日用的必需品”就是这种情况。也有少数的词义是在人们对客观存在进行了错误认识的基础上产生的。如“鬼”“神”“幽灵”“魂魄”等词的词义就是这样。还有一小部分词义则是在人们认识客观存在的基础上，又加上了主观想象的成分而产生的。如“天堂”“仙女”“天神”“阎王”等词的词义，就是这样形成的。这就是说，人们的幻想，也是在客观存在的基础上产生的。

以上情况说明，词义和客观存在绝不是等同的，但词义的产生和客观存在又有密切的联系，无论基于对客观存在的正确认识，或者基于错误的认识，词义总要在客观存在的基础上产生，客观存在永远是词义形成的不可缺少的依据。

**（二）词义的概括性**

任何词义都是表示某一类客观对象的，所以词义都是对同类客观对象的概括。词义概括了某一类客观对象所共同具有的特点，同时也舍弃了为个别对象所具有的具体特征，因而获得了表示某一类客观对象的意义的资格。如“人”一词的词义就是对“人”这类客观事物的概括，它概括了为人所共同具有的特点，同时也舍弃了为个别人所具有的具体特征，因此，“人”的词义不是指某一个具体的人，而是成了“人”这一类客观事物的通称。

普通词的词义是概括的，专有词的词义也是概括的，如“鲁迅”一词的词义就概括了鲁迅这个人的全部特征，而且也概括了各个不同时期的鲁迅的情况，它既可以用来表示少年时期的鲁迅，也可用来表示老年时期的鲁迅。

### （三）词义的社会性

词义是词的内容，它和语言中的其他成分一样，也是为社会共同约定俗成的。词是声音和意义的结合体，什么样的声音表示什么样的意义，完全是社会成员共同约定俗成的，只有社会成员对同一个词的词汇意义、语法意义和色彩意义有着共同的理解，人们彼此间的交际才有可能进行。词义的社会性特征是语言的社会本质所决定的。

### （四）词义的主观性

词义虽有其社会性，但在具体使用中，它又往往具有主观性的特征。词义的主观性是指人们在认识基本一致的情况下，又可因年龄、生活条件、文化水平和认识能力等各方面情况的不同，影响到人们对词义在认识和理解上有所差异。如对“电”的词义的认识，小孩子和物理学家的理解就不会完全相同。对“海带”的词义，一般人和海洋生物学家在认识上也决不会一样。在语言运用中，词义的主观性随时都能表现出来，但是，因为这种主观性并没有而且也不可能超出词义的社会性和概括性的范围，所以主观性所表现出来的差异，并不会影响人们的交际。

### （五）词义的发展性

词义和语言中的其他成分一样，一旦形成后，就会具有其相对稳定性。但它又不是一成不变的，随着社会的发展，客观事物的变化，人们认识的改变，以及人们使用时的不同方式方法，都会影响到词义也发生变化和发展。我们经常遇到的古今词义不同的情况，就具体表现出了词义的发展性。词义的发展性不但存在于语言的历时现象中，同时也可以存在于语言的共时现象中，如“舌头”一词，除指“口腔中能辨别滋味、帮助咀嚼和发音的器官”外，又增加了“为侦讯敌情而活捉来的敌人”的新义项，就是在现代汉语这一共时阶段出现的词义发展的情况。其他像“硬件”“菜单”“窗口”“包装”等许多词的意义也都程度不同地有所发展。我们运用词语时，认识到词义的发展性是非常必要的，只有认识到词义的发展性，才能对词义有正确的理解和运用。

### （六）词义的民族性

词义属于语言的范畴，每个民族都有自己的语言，也都有为本民族社会共同约定俗成的词义，在词义形成和发展的过程中，它的面貌往往要受到使用它的民族条件的制约，民族的文化素养、心理状态以及生活习俗等方面，都可以对词义产生影响。如汉语中“龙”和“凤”的词义就有浓厚的民族性，“龙”和“凤”都是汉族古代神话中的动物，汉族人民往往把它们作为尊贵、庄严、美好、吉祥等的象征，像“龙袍”“凤冠”等。又如汉语的“钢笔”和英语的“pen”意义相当，但英语的“pen”原来还有“羽毛”的意思，汉语的“钢笔”却无这种意义，这种情况也是民族条件的影响造成的，因为英国古代曾有以“羽毛”当笔用来写字的习俗，所以“羽毛”和“钢笔”就能形成意义上的联系。词义的民族性表现在词的色彩意义方面更为明显。如汉语词“小”只有中性的色彩意义，英语中的“little”“small”两个词都表示“小”的词汇意义，其中“little”一词却有爱称的感情色彩。又如“家伙”一词，在汉语中，当用于指称人的时候，往往具有轻视的色彩意义，可是在英语中，“fellow”（家伙）一词却具有褒义色彩，用于贬义时，一般则要用“guy”来表示。

### （七）词义的概念对应性

词义是概括的，在绝大多数的情况下，它总是用来表示着某一类的客观事物，并因此也表示着某一类客观事物的概念，这就使词义有了概念对应性的特征。

词义的概念对应性在任何情况下都是存在的。当词作为词汇的组成单位存在于语言符号系统之中的时候，词义表示的只能是某一类客观事物，当然，词义也必然表示着这一类客观事物的概念。在这种情况下，词义和概念是相对应的。

当词在具体的语言环境中，被人们用来组成具体句子时，词义仍然具有它的概念对应性。如“鱼生活在水中。”这句话里的“鱼”仍然是概括地表示了“鱼”这一类事物，所以它的词义也仍然是和“鱼”的概念相对应。又如“这条鱼真大。”这句话中的“鱼”虽然指称着“这条”具体的“鱼”，然而我们却不能否认它指称的仍然是“鱼”这类客观事物，而并不是另一种事物，所以，这时“鱼”的词义仍然表示着“鱼”的概念所包含的内容，仍然有它的概念对应性。

**（八）词义的具体事物对应性**

词义的具体事物对应性就是指词义虽然是概括的、和概念相对应的，但是在实际运用中，词义却总是要用来指称着具体的客观事物，总是要和具体的事物相对应。语言中的每一个词都会参与到具体的言语交际中去，因此词义都具有具体事物对应性。

词义的具体事物对应性是在词义的概念对应性的基础上产生出来的，只有当词义具备了概念对应性之后，才能在具体的应用语境中，去指称具体的客观事物，也才能体现出具体事物的对应性来。如在上例“这条鱼真大”中，“鱼”的词义不仅表示了“鱼”的概念，同时也指称了“这条”具体的“鱼”，这时“鱼”的词义除了和“鱼”的概念相对应外，同时也和“这条大的具体的鱼”相对应，这就使“鱼”的词义不仅具有着概念对应性，同时也具有了具体事物对应性。又如在“小王的书是新买的”中，“书”表示的不仅是“书”的概念，而且也指称了“小王新买的”具体的“书”，这时，“书”的词义不仅有概念对应性，而且也有了具体事物对应性。

当词义具有了具体事物对应性的时候，词义就会发生外延缩小、内涵丰富的变化，因此词义表示的内容则要比单纯具有概念对应性时丰富得多。

词义的特征是表现为多方面的，同时又是互相联系的。我们只有全面地正确地认识词义的特征，才能够比较全面正确地认识和掌握词义，也才能比较正确地来运用词。

## 第2节 词义和概念

### 一 词和概念的关系与区别

词义和概念的关系与区别问题，跟词和概念的关系与区别问题不同，因此，在了解词义和概念的关系与区别问题之前，有必要先了解一下词和概念的关系与区别问题。

我们知道，概念是对某一类客观对象的概括反映，它反映了科学在一定发展阶段上所认识的某一类客观对象的一般的和本质的特征的全部总和，以及这些特征的一切复杂的联系和关系。概念是人们对客观世界中的事物、现象和关系进行认识而产生的思维成果，它是属于思维范畴的。

词和概念不同，词是表示概念的外部形式。如果没有反映客观对象的概念，也就是说，如果没有人们对客观对象进行认识而产生的思维成果，那么，词就不会产生。所以，概念是词得以形成的基础。反之，如果没有词，概念也不能被表示出来，所以，词又是概念得以存在的外部形式。因此，从这个角度看，我们可以理解为概念是词的内容，词是概念的形式，两者是内容和形式的关系。

词和概念虽然有这样的联系和关系，但是两者却有本质的区别。

首先，词和概念与客观对象之间的关系是不一样的。词和客观对象之间没有必然的联系，用什么样的词表示什么样的客观对象和概念都是任意的，是社会约定俗成的。所以，同样的概念，不同的民族语言可以用不同形式的词来表示，同一民族语言也可以用不同形式的词来表示。前者如“书”的概念，汉语用“shū”的形式表示，英语则用“book”的形式表示；后者如“父亲”的概念，汉语中既可用“fù·qin”（父亲）的形式表示，又可用“bà·ba”（爸爸）的形式表示。概念和客观对象之间却有必然的联系，什么样的客观对象就要产生什么样的概念。如“鸟”这种客观事物是会飞的，所以“鸟”的概念中就必然要包含着“飞”的特征。“人”这种客观对象是不会飞的，所以“人”的概念中就必然不能包含“飞”的特征。正因概念和客观对象之间有着必然的联系，所以，不同民族的人们对概念的认识是一致的。

其次，词和概念不是完全对等的。语言中的词，虽然可以和逻辑思维中的概念相对应，但是这种对应却不是一对一的对等关系，词可以表示概念，但概念却不一定都用词的形式来表示，如“他的哥哥”“高等学校”“自动铅笔”等概念，就是用词组的形式表示的。仅就词表示概念来说，情况也比较复杂。例如上面所谈的“书”“父亲”等概念，就是同一个概念可以用不同形式的词来表示。但是另一方面，语言中也存在着相同的形式，又可以表示几个不同概念的情况。如多义词“bāo·fu”（包袱）一词，既可表示“包裹”的概念，又可表示“负担”的概念。又如“dùjuān”（杜鹃）这一形式，既可表示“杜鹃花”的概念，又可表示“杜鹃鸟”的概念。由此可见，对词表示概念的情况，也应做具体的分析。

## 二　词义和概念的关系

词义和概念的关系与词和概念的关系则完全不同。由于语言和思维的不可分割性，反映到词义上来，就使得词义和概念具有了密不可分的关系。词义和概念的关系主要体现在两个方面：一方面是概念是词义形成的基础；另一方面是词义反映概念，概念凭借词义而成为直接现实。对于这一问题，大家的看法是基本一致的，但是在具体理解和阐明这种关系时，大家的意见却有所不同。其中比较普遍的情况是，只把词义中的词汇意义拿出来和概念一起做分析比较，对词义的其他方面则不涉及。但是如果仅限于这样的认识，我们对词义与概念的复杂联系与关系是无法揭示清楚的。因此我们必须从更广的范围来认识和剖析这一问题。现在从词义包含的三个内容方面分别进行讨论。

### （一）词汇意义与概念

词汇意义是指称客观事物的意义，是人们对客观事物的理性认识在词义中的反映，毫无疑问，这种意义是和概念直接联系的。大家都知道，概念是对某一类客观对象的概括反映，而词汇意义又是表示客观世界中的事物、现象和关系的，两者都是词的形式所表示的内容，这一情况就决定了词汇意义和概念的联系和关系，词汇意义都是在概念的基础上形成，同时又将概念的内容表现为直接的现实，一般说来，当概念用词表示的时候，概念的内容和词的词汇意义是基本一致的。所以，与词汇意义相联系的概念，不但决定了词的词汇意义的本质内容，而且也赋予了一个词的词汇意义的指称作用，并因此而决定了一个词的产生和存在的价值。由此可见，语言中词的词汇意义和逻辑思维中的概念是相对应的。在这一点上，不但实词是这样，虚词也是这样。

### （二）语法意义、色彩意义与概念

词的语法意义是词在语言的性质、特点和关系结构中所表现出来的意义，它虽然不像词汇意义那样直接与词所指称的客观事物的概念相对应，但却不能否认，它也与一定的概念相联系。语言作为一种交际工具，它本身也是一种客观存在，而语言内部的各种现象和情况，当然也是客观存在中的一部分，对这些客观存在进行认识之后，同样也会形成概念和相应的词义。语言中的一切概念，包括语法概念都是这样形成的。基于这种认识，所以我们说，词义中存在的语法内容也是一种客观存在。人们通过认识，逐渐从各个个体词义所具有的不同的语法性质、特点和功能中，抽象概括出了各种不同的具有类型性的语法概念，然后又可以反过来用这些语法概念对每个词义的语法性质、特点和功能进行说明，从而形成为词的语法意义，可见，词义的语法意义与概念也是相互联系的。

当然，词的语法意义和概念的联系与词汇意义的情况有所不同，词汇意义与概念的联系具有特指性。这种特指性说明：反映客观事物性质特点的概念赋予了词义指称某种特定的客观事物的功能，所以词汇意义和概念之间有着一种本质的必然的联系，什么样的词汇意义表示什么样的概念是一定的。语法意义与概念的联系则与此不同，语法意义当中的概念都要通过表该概念的词义对词的语法意义起类指的作用。所谓语法意义和概念之间联系的类指性，就是说，人们都是通过语法概念来说明词的语法意义所属的类别，说明它或者具有名词属性，或者具有动词属性等。词的语法意义一般都是同时具有多类属性的，例如"词典"一词的语法意义既有"名词"的属性，又有"充当主语、宾语、定语"等功能，在这里，人们运用了语法中的某些概念，共同说明了"词典"一词的语法属性，说明了"词典"一词在语法范畴中所属的类别和语法作用。由此可见，词的语法意义也是由语法中的概念通过词义的形式加以表明的，语法意义也与概念相联系，而且它联系的甚至是多个概念的综合。

色彩意义与概念的联系和语法意义的情况基本相同。词的色彩意义是依附于词汇意义而存在的，色彩意义也表示着人们的认识、态度、倾向和感情，只是色彩意义所表示的是词汇意义以外的内容，但就色彩意义本身来说，不能否认它反映的也是一种客观情况。人们的某种认识，某种态度、感情或倾向，形成了某类色彩意义的内容，如亲切色彩、严肃色彩、形象色彩、口语语体色彩等等，这些色彩意义的内容，都是人们通过认识从许多个体词中抽象出来的，与此同时，这种认识也形成了各种相应的概念，这些概念同时又被“亲切色彩”等相应的词语形式巩固下来，语言中各类色彩意义的类聚就是由这些概念借助于词义或语义表示出来的，另一方面，它们又可以反过来以此对每个个体词的色彩意义起着类指的作用。如“妈妈”一词的色彩意义是“亲切色彩、口语语体色彩”等概念通过表示这些概念的词语的意义，对“妈妈”一词的色彩意义的类属做了具体的说明，所以色彩意义与概念的联系也是具有类指性的。

由于一个词往往可以同时具有两种或两种以上的色彩意义，所以色彩意义的这种多项性，就决定了它有时也可以同时与几个不同的概念相联系。因此，和语法意义一样，色彩意义不但与概念有联系，而且它联系的也可以是多个概念的综合。

综上所述可以说明，词义和概念的关系远不只是词汇意义与概念的关系问题，词义的三个部分都与概念有联系，虽然它们的联系情况不同，但它们和概念之间都存在着联系却是不能否认的。任何一个词义都有三个部分的内容，任何一个部分都与概念相联系，因此我们说，词义是概念的综合反映。

## 三 词义和概念的区别

我们在了解了词义和概念，特别是词的词汇意义和概念的基本一致性和相互对应性之后，也必须明确，词义和概念毕竟是不可能完全等同的，因为它们属于不同的范畴，因此有着本质的区别。就语法意义和色彩意义来说，因为它们在语言运用中，对概念只起着一种类指性的作用，所以还比较简单，也比较容易理解和掌握。对于词汇意义来说，情况则复杂得多，因此在这里有必要多做些说明。

### （一）词汇意义和概念对应的伸缩性

词汇意义和概念的不同，归根到底是由于它们的职能不同决定的。概念属于逻辑思维范畴，它的职能在于认识和反映客观世界，因此，对完全概念的要求就必须是，概念一定要反映出客观对象的一般的和本质的全部特征的总和，以及这些特征的一切复杂的联系和关系。词的词汇意义属于语言范畴，它的职能在于让人们用来进行交际，交流思想，以达到相互了解，所以词汇意义虽然也表示客观世界中的事物、现象和关系，但是人们只要求它能够表示出把某类事物和其他事物区别开来的特征就可以了，所以词汇意义一般表示的往往都是一个不完全的概念。如“荧光灯”的意义，以概念来要求，它应该是“灯的一种。在真空的玻璃管里装有水银，两端各有一个灯丝做电极，管的内壁涂有荧光粉，通电后水银蒸气放电，同时产生紫外线，激发荧光粉而发光。这种光的成分和日光相似，也叫‘日光灯’”。对“荧光灯”的词汇意义来说，情况就不完全相同了，如果人们是在对“荧光灯”进行科学研究和讨论的场合，被运用的词义一定要符合专业术语的内容，当然词义的内容肯定和以上所讲的概念的内容是一致的，这时词的词汇意义对应的是一个完全的概念。但是在日常生活中人们也可以把“荧光灯”只解释为“长形管状的一种灯，乳白色，通电后，通过荧光粉的作用而发出一种蓝白色的光”等就可以了，这样理解已经足以使人们把它和其他的事物区分开来，所以这样解释的词义也完全可以用来进行交际，完成其词义的交际功能。很明显，这样运用中的词汇意义对应的当然是一个不完全的概念。

除以上情况外，还应看到，在现实生活当中，尽管人们可以相互交际，交流思想，但是不同的人所掌握的概念和词义的内容也是不相等的，因为人们对概念和词汇意义的认识程度，与人们的年龄、文化程度、工作性质、生活条件等各方面的情况都有很大的关系。如年龄大的人和小孩子相比，前者对概念和词汇意义认识的程度就要深一些，全面一些；从事某种专业工作的人，他们对这种专业术语的概念和词汇意义的认识，就要比从事其他工作的人深入全面些。

所以，从词汇意义在整个社会的言语交际中所表现出来的内容和传达出来的信息方面看，在其丰富与否的程度上，还是有一定的伸缩性的。

**（二）词义和概念的一致性在人们认识中的体现**

前面讨论了词汇意义的伸缩性问题，都是从社会的不同成员对词义掌握的程度方面来讲的，如果我们从一个成员自身的情况来观察，那又是截然不同的了。所以必须明确，尽管不同的人对概念和词汇意义的认识和掌握的程度有所不同，但是对一个人来说，无论在他成长的哪一个阶段，他对概念和词汇意义的认识程度却永远是一致的。如果一个人对“水”的词汇意义只认识到“是一种无色无臭可饮用的液体”时，那么，他对“水”的概念也只能认识到这种程度，而不可能进一步认识到“水的化学成分是氢二氧一”，我们说，这个人这时掌握的概念只能是一个不完全的概念。反之，如果一个人对“水”的概念有了明确全面的认识，那么，他对“水”的词汇意义的认识，也必然是全面深刻的，显然，这时他对“水”的词汇意义的认识，已经达到了概念的深度。

上述情况也可使我们认识到，虽然概念是科学在一定发展阶段上人们对某一类客观对象认识的反映，但是，在日常生活中，人们并不是，而且也不可能正确全面地掌握每一个概念的内容，而在更多的情况下，人们所掌握的却是和他认识的词汇意义一致的不完全的概念。每一个人都可以由掌握不完全的概念，逐步发展为掌握完全的概念。也可以由对词汇意义的较片面的、较粗浅的认识，逐步发展为对词汇意义有全面的、深刻的认识。可是，作为一个个人来说，他对概念和对词汇意义的了解和逐步地由浅入深的认识程度，却永远是一致的。

词汇意义和概念的伸缩性与一致性是相互联系的，了解这一点，对语言的实际运用来说具有非常重要的意义。例如社会上各种词典的编纂问题，都必须根据读者对象的不同而在释义的繁简上有所取舍，这样的做法正是这种伸缩性与一致性的具体体现。事实上，不这样做也是不可能的，因为这正是人们学习和掌握语言的规律所使然。这一规律在社会语言应用的其他方面，也往往经常不断地被体现出来。

# 第五章

# 词义的类聚

## 第1节　词义类聚的标准和原则

语言中的词不是孤立存在的，它们往往通过自身所具备的语音、词汇或语法等方面的某些共同特点，而产生各种不同的类聚关系。如由于语音形式的相同与否，可以形成同音词、单音词、多音词等不同的类聚；由于词的来源相同与否，可以形成方言词、外来词、古语词等不同的类聚；由于词的词性相同与否，可以形成名词、动词、形容词等不同的类聚。同样道理，由于词义之间所存在的某种联系和关系，词义也可以形成各种不同的类聚。

由于汉语词汇的丰富多彩，所以汉语的词义也是极为绚丽夺目的，面对这色彩纷呈而又纷繁复杂的词义现象，人们不仅必须去学习它，掌握它，运用它，而且也应力求去研究它，整理它，尽量揭示出它的发展和组织规律来。根据目前的研究状况来看，我们认为从共时和历时这两个不同的角度，分别对该问题进行探讨还是可行的。从共时的角度来研究和整理词义现象，很明显，首先要涉及的就是词义类聚的问题，因为词义的类聚是一种共时现象，词义类聚的实际内容是会随着不同的共时阶段而发生变化的。本章的内容即准备从共时的角度，对词义类聚的问题集中地进行讨论。从历时的角度来研究和整理词义现象，自然就应该从史的角度，纵向地追根溯源地去探索和整理词义演变和发展的规律了。对这一问题我们将在第六章中进行探讨。

## 一 对词义类聚研究现状的认识

词义的类聚是大家早已认可的事实，一般说来，通过对词义内容的分析，以词义所具有的共同特点为根据，就可以归纳出各种不同类型的词义类聚来。多少年来，语言学界对词义中存在的各种类聚，如单义词、多义词、同义词、反义词等等的分类，就是以此归纳出来的，而且对这些类型的确立也都是毫无异议的。

但是尽管如此，在这个问题上，有时仍然不免让人产生困惑。对单义词、多义词的类聚来说，其划分标准还是很容易掌握的，但是对同义词、近义词等等类聚的划分，显然就存在分歧了。如“好”和“坏”大家公认为是一对反义词，但表示好的结果的“效果”和表示坏的结果的“后果”，为什么只有少数人认为应该归入反义词，而大多数人却主张归入近义词呢？又如“父亲”和“爸爸”，有人归入同义词，有人则归入近义词；再如“老师”和“学生”、“红”和“白”、“红”和“黑”、“红”和“黄”以及“红”和“绿”等等又应该怎样处理怎样归类呢？我认为所以出现这样的问题，归根到底还是由于在分类标准上存在着不同的看法，甚至存在着某些理论上的分歧和欠缺。所以在现有研究的基础上，对同义词等词义类聚的问题，仍然有做进一步研究的必要，而且首当其冲的就是应该先研究和考虑词义类聚划分标准的问题。因此在这里我们也先从这一问题开始进行探讨。

由于划分词义的不同类聚，首先就是从对词义内容的分析开始的，因此要解决这个问题，我想仍然应该从词义的内容分析，也就是从词义所包含的词汇意义、语法意义和色彩意义的性质特点等方面来入手。

## 二　划分词义类聚的标准及其分析原则

任何词义都包含着词汇意义、语法意义和色彩意义三个方面的内容，它们都是词义不可缺少的部分，因此，任何一个词的完整词义都是由这三个部分构成的，它们各自以其特定的内容和功能，共同对词义进行着全面的诠释。正因为词义的三个部分都是不可或缺的，所以它们在整个词义中，都能够各自表示出自身所特有的某些内容和特点，而这些各自的内容和特点，对词义类聚的划分问题，都能够产生各自不同的不可代替的区别性作用。所以对词的词汇意义、语法意义和色彩意义的内容和特点进行区别性的分析，就可以为词义类聚的划分标准寻找出比较可靠的依据。

当然也不可否认，词的词汇意义、语法意义和色彩意义，这三者的情况是不一样的，所以总括来说，在这三者之中，词的词汇意义永远都是处于主要的地位，它是词义的核心，所以在词义类聚的划分中，词的词汇意义永远都是决定性的条件，而词的语法意义则是词义类聚划分中的必要条件，色彩意义虽然既不是决定条件，也不是必要条件，但是因为它是词义的内容之一，在词义类聚的划分中当然也有其一定的作用，所以它也是不可缺少的条件。下面即对这一看法做具体的解释。

### （一）词汇意义

词的词汇意义是确定词义类聚的决定性条件。词的词汇意义是词的理性意义，是人们对客观世界中的事物、现象和关系等的理性认识在词义中的反映，因此它和它所表示的各个概念都具有相对应的关系，并因此而使词义都具有了自己的概念对应性。在这里所以要提出词义的概念对应性，原因就在于，词义是表示概念的，概念是词义形成的基础，脱离了概念，词义将是不可捉摸的。

词义的概念对应性是词义的特征之一，属于语言学范畴，它可以根据人们的认识和交际的需要，突出概念中的部分内容和特征，所以它可以和完全概念相对应，而在大部分情况下，它所对应的却都是由于人们在认识和理解上的差距所产生的各个不同层面上的种种不完全概念，当然这些不完全概念都会受到完全概念的制约，也就是说，不完全概念在任何情况下，都不可能逾越完全概念的外延及其内涵的范围，因此即使人们掌握的不完全概念彼此在内涵量的多少上有所差异，但它们的共同性和一致性却是绝对的。这种情况不仅保证了人们在交际中能够进行语言的理解和运用，而且人们掌握和运用词的词汇意义及其概念对应性的语言实践行为，也为我们以词的词汇意义及其概念对应性为标准来划分词义类聚提供了条件和根据。

由以上所谈可以看出，词义的概念对应性是词义的一种特征。因为词义和概念具有必然的对应性，所以词的概念对应性和词的词汇意义在内容上也具有密切的一致性，词汇意义及其概念对应性是词义的核心，因此它们就很自然地成为了确定词义类聚的主要依据，我们根据词汇意义和它的概念对应性的性质特点，就可以基本分析出词义的类聚归属来。

这里需要说明的是，我们虽然明确了词汇意义及其概念对应性是划分词义类聚的主要依据，同时也肯定了这两者存在着的一致性，但是却不能把两者完全混同起来，因此我们对概念对应性的分析，就要从其包含的特征出发，分辨出它的本质特征和一般特征来，所以对概念对应性的分析是和其特征相联系的；对词义来讲，我们要分析的对象则是它所包含的主要义素和次要义素的问题，甚至必要时还应考虑到它的规约义素或隐含义素等方面，所以对词汇意义的分析是和其义素相联系的。虽然这两者会存在着许多相互对应之处，但从角度上讲却毕竟是有区别的。例如“父亲”和“爸爸”，它们的词义都是“有子女的男子，是子女的父亲（或爸爸）”，它们的词义概念对应性的本质特征都是“生育子女的男性长辈”，由此可见，对两者的分析角度和解释是不一样的。但另一方面又可以看到，这两个词的词汇意义和概念对应性是完全一致的，由此我们可以判定这两个词所表示的内容完全相同，并因此可以确认，应该将它们划归为同义词类聚的范围。

**（二）语法意义**

词的语法意义是确定词义类聚的必要条件。所谓必要条件是要求形成同一类聚的词，它们的语法意义必须相同，也就是说词的词类性质和语法功能都是一样的。只有词的语法意义相同，它们才能属于同一个逻辑范畴，不属于同一逻辑范畴的词义或概念，是无法归为同一种类型的。

因此，语法意义的相同，是讨论和分析词义类聚的前提，是必须具备的一种条件，缺此不可，所以说它是必要条件。

**（三）色彩意义**

前面已讲，色彩意义并不是判别词义类聚归属的决定条件，也不是必要条件，但是它却是不可缺少的条件。因为在同一种类聚中，色彩意义既可表现为相同，也可表现为不同，但是在一定条件下，在分析词义类聚内部状况的过程中，它也可以起到具有决定性的区别作用。例如在同义词类聚内部的分类中，根据色彩意义的不同就可以划分出不同的类型来，如“眉毛”和“眼眉”是一对词汇意义、语法意义和色彩意义都相同的完全同义词，而“土豆”和“马铃薯”则是一对词汇意义和语法意义相同，色彩意义却不同的不完全同义词。另外在反义词的对比中，色彩意义在寓意于词汇意义的同时，其鲜明的褒贬色彩也能够突出地显现出来。

## 三　从静态和动态的角度了解词义类聚

在词义类聚的问题中，也同样存在着静态类聚和动态类聚的情况，静态类聚是被约定于语言系统之中的相对稳定了的一种类聚，动态类聚则多存在于言语应用之中，是在一定语境的帮助下，根据表达的需要而形成的，具有明显的临时性。因此，一些在静态中不能形成类聚的成分，在动态应用中却可以组成临时性的词义类聚，如在面对“白菜”的场合说“这棵菜真好”时，这时的“菜”就具有了特指“白菜”的意义，这时它们的词汇意义和概念对应性，以及它们的语法意义和色彩意义都是一样的，所以“菜”和“白菜”在这语境中就形成了临时的同义词。

临时性的各种词义类聚成分如果出现的频率增多，也有可能被社会约定而成为静态类聚中的成员。以反义类聚中的情况为例，如红、黄、蓝、白、黑、绿等词，原本是一组同位词，但是在言语应用中，由于语境的作用，它们作为词或者作为词素却可以构成许多组各不相同的反义关系。例如在表示革命与反动的语境中的“红军”和“白军”，在作为交通指挥灯方面的“红灯”和“绿灯”，它们都是因为在这特定语境中，由于“红和白”、“红和绿”形成为反义词素的原因，从而使这两对词也成为了反义词。虽然这两对词现在已经被规范为语言成分了，但是就“红”和“白”、“红”和“绿”来说，在静态状态下，仍然不能说它们已经是被规范了的反义词或反义词素。所以要确定一个语言成分的性质，还必须根据具体情况做具体分析。

根据词义类聚的标准和原则，下面对汉语中的词义类聚情况分别做一说明。

## 第2节 单义词和多义词

### 一 单义词

只表示一个词汇意义的词就叫做单义词。单义词的词汇意义只和一个概念相对应。如：

鹿　鹤　藕　豹　氧　氯　汞

镭　诗　搓　熄　搀　瘸　熨

葡萄　钢笔　电子　外语　元音

词组　淮河　长江　杂货　南京

电视机　世界观　格律诗　心电图

高低杠　语言学　管弦乐　黄梅戏

因为单义词只有一个意义，所以在任何语境中，词义都是明确的，不会发生混淆。语言中，表示科学术语的词绝大多数都是单义词。其次，一些事物的名称和刚产生的新词也往往是单义的。

语言中的单义词也不是绝对的，在语言发展的过程中，某些单义词有可能发展成为多义词，而某些多义词，由于义项的变化或消失，也可能变成了单义词。

## 二　多义词

### （一）多义词的界定

一个词表示着两个或两个以上既有联系又不相同的词汇意义，这样的词就叫做多义词。如①：

剪影：① 照着人脸或人体的轮廓剪纸成形。

②比喻对于事物轮廓的描写。

“剪影”一词不但有两个不同的意义，而且两个意义在“构描物体的轮廓”上有一定的联系，所以“剪影”是多义词。又如：

彩排：① 戏剧、舞蹈等正式演出前的化装排演。

② 节日游行、游园或其他大型群众活动正式开始前的化装排练。

“彩排”一词也有两个不同的意义，两个意义在“化装排练”方面有着

① 如无特别说明，各词释义以《现代汉语词典》各版释义作为参考。

一定的联系，因此，“彩排”也是多义词。再如：

记录：① 把听到的话或发生的事写下来。

② 当场记录下来的材料。如：会议记录。

③ 做记录的人。如：大家推他当记录。

④ 在一定时期、一定范围以内记载下来的最高成绩。如：打破记录。

“记录”一词有四个意义：第一项意义说明了一种动作行为，是动词性的；第二项意义表示由这种动作行为而产生的结果，是名词性的；第三项意义表示这种动作行为的施事者，是名词性的；第四项意义则表示由这种动作行为所产生的某种特定的结果，也是名词性的。尽管以上四个意义在词性上不完全相同，但是它们与“把某些话和事写下来的动作行为”都有一定的联系，这说明了“记录”一词的四个意义之间是有一定联系的，因此，“记录”也是一个多义词。

一个词刚产生的时候都是单义的，在语言发展的过程中，有一些词往往会在单义词的基础上，逐渐形成为多义词。所以，历史越悠久的词，越容易成为多义词。汉语历史悠久，因而多义词非常丰富，特别是一些历史悠久的单音词，大多数都是多义的。现在在现代汉语中，多义词仍然在不断地产生着，发展着，并在语言的运用中发挥着积极的作用。

### （二）多义词和多义词素

语言是发展的，语言中的词和词义也在不断发展。有的词在古汉语当中是单义的，在现代汉语中可能就是多义的。有的成分在古汉语中是词，在现代汉语中可能只是词素却不是独立的词。因此，词与非词、词义与词素义等就形成了比较复杂的情况，这种复杂情况在单音词中表现尤为突出。另一方面，某个意义是词义还是词素义在不同的历史时期，情况也会有所不同。下面我们就从共时的角度，对现代汉语的词义和词素义进行一下剖析和区分。如：

习：① 温习，练习。如：自习，实习。

② 对某事物常常接触而熟悉。如：习见，习闻。

③ 习惯。如：积习，恶习。

观：①看。如：观看，观礼。

② 景象或样子。如：奇观，改观。

③ 对事物的认识或看法。如：乐观，悲观。

“习”和“观”各有三个义项，各自表示着三个有一定联系的不同的意义，所以它们都是多义的成分。但是在现代汉语中，“习”“观”都已不能独立成词了，因此，它们都只能是一个多义词素，它们的三个义项表示的也只能都是现代汉语中的词素义。再看：

欠：① 借别人的财物等没有归还，或应当给人的没有给。如：欠了账，欠了情。

② 不够，缺乏。如：说话欠考虑。

冰：① 水在摄氏零度或零度以下凝结成的固体。如：水已结成冰了。

② 因接触凉的东西而感到寒冷。如：刚到中秋，河水已经有些冰腿了。

③ 把东西和冰或凉水放在一起使之凉。如：把汽水冰上。

在现代汉语中，从造句的角度看，“欠”和“冰”都是能够独立运用的词，“欠”的两个义项和“冰”的三个义项所表示的词汇意义，都可以作为词义来充当造句的成分，因此，“欠”和“冰”都是多义词，它们的各个义项所表示的意义都是词义。当然，从造词的角度看，这些成分又都是可成词词素，它们的义项所表示的意义，都可以作为词素独立用来参与造词，因此，它们又都是造词的单位，它们所表示的意义也都是词素义，所以这些成分也都是多义词素。又如：

宝：① 珍贵的东西。如：粮食是宝中之宝。

② 珍贵的。如:宝剑,宝石。

③ 敬辞,旧时用于称别人的家眷、铺子等。如:宝眷,宝号。

书:①写字,书写。如:书法。

② 字体。如:楷书,隶书。

③ 装订成册的著作。如:一本书。

④ 书信。如:家书,书札。

⑤ 文件。如:证书,申请书。

上例中"宝"有三个义项,"书"有五个义项,但是在现代汉语中,只有"宝"的第一个义项和"书"的第三个义项可以作为词义独立运用,其他的义项现在只能充当词素义了。像这种情况,从现代汉语的角度分析,就应该认为"宝"和"书"都是单义词,同时又是一个多义词素,因为它们的每一个义项都可以用来造词。还有一种情况,如:

飞:①(鸟、虫等)鼓动翅膀在空中活动。如:鸟飞了。

② 利用动力机械在空中游动。如:飞机在天上飞。

③ 在空中飘浮游动。如:飞雪花了。

④ 形容极快。如:飞奔,飞跑。

⑤ 意外的,凭空而来的。如:飞灾,飞祸。

走:① 人或鸟兽的脚交互向前移动。如:人都走了。

② 跑。如:奔走相告。

③ 移动,挪动。如:钟不走了。

④ 离开,去。如:车刚走。

⑤(亲友之间)来往。如:走娘家,走亲戚。

⑥ 通过,由。如:请走这个门出去。

⑦ 漏出,泄漏。如:走了气,走了风声。

⑧ 改变或失去原样。如:你把鞋穿得走了样了。

上例中的"飞"和"走"都是具有多种义项的词,"飞"的五个义项中,第一、二、三项都是词义，“走”的八个义项中，第一、三、四、五、六、七、八项都是词义。因此，“飞”和“走”都是多义词，同时也是多义词素。

由以上分析可以看出，从共时的角度区分词义和词素义是非常必要的。词义可以用来独立造句，词素义却只能用来造词构词。由于词义和词素义不同，所以一个具有多项意义的成分，可以是多义词，也可能是单义词。然而，因为这些意义都可以充当词素，所以用于造词构词当中，也可以充当词素义。因此，凡是具有多义的成分，不管它是单义词还是多义词，它都是一个多义词素。可是词素义是不能充当词义来独立使用造句的，所以一个单音的多义词素如“习”、“观”等，就不能再被认为是一个多义词了。

**（三）多义词义项产生的原因和手段**

词最初都是单义的，在发展演变过程中，由于义项的增多，才逐渐发展成为多义词。所以多义词的各个义项，都是在该词已有意义的基础上发展出来的。出现这样的发展情况，原因是多方面的，但主要决定于人们的认识和思维能力的发展。人们在社会中生活着，由于对各种客观事物的不断认识和接触，就有可能在不同的事物中，发现它们之间的某些联系或者某些共同的方面，因而也就有可能用指称甲事物的词去指称乙事物，这种实践的结果，就促成了词的义项增加和发展。如“圈子”一词原指“圆而中空的平面形、环形和环形的东西”，后来人们感到“范围”也是指的某一个方面，像“圈子”圈定了似的，于是就用“圈子”来指称“集体的范围或活动的范围”，如“小圈子”“生活圈子”等，结果使“圈子”一词增加了新的义项而变成了多义词。所以，人们的认识促成了多义词的发展，而多义词的发展，在某种程度上也反映了人们的认识水平和思维能力发展的状况。

由于人们的认识不同，反映在多义词的义项产生上，就出现了各种不同的方法和手段。常见的有以下几种。

1. 引申法

引申法就是在原义的基础上，通过联想引申而产生新义的方法。如：

老：① 年纪大。如：人老了。

② 很久以前就存在的。如：老厂，老关系。

③ 陈旧的。如：老毛病。

④ 原来的。如：老地方。

“老”的四个义项中，第一个是原义，第二、三、四个义项都是根据原来的“年纪大”的意义特点，联想引申而成。因为年纪大，生长的时间必然要长，那么，存在的时间也必然会长；因为年纪大，生长时间长，那么，与新相比，也必然会具有陈旧的和原有的等情况。根据这样的联想和引申，就产生了“老”的几个新的义项。

2. 比喻法

比喻法就是根据事物之间的相似之处，在原义的基础上，通过比喻而产生新义的方法。如：

酝酿：① 造酒的发酵过程。

② 比喻做准备工作。如：酝酿候选人名单。

酒造出之前要有一段发酵的过程，某些事情做成之前也要有一段准备和考虑的过程，两者有某种相似之处，“酝酿”的新义项就是在这种相似之处的基础上比喻而成的。

3. 借代法

借代法就是在突出原义作用的基础上，把指称部分的词，用来指称整体，或者把指称甲事物的词，用来指称与甲事物密切相关的乙事物，从而使词产生出新的义项来。如：

花：① 种子植物的有性繁殖器官。花由花瓣、花萼、花托、花蕊组成，有各种颜色，有的长得很艳丽，有香味。如：一朵花。

② 可供观赏的植物。如：种花，一盆儿花……

舌头：① 辨别滋味、帮助咀嚼和发音的器官。如：用舌头舔了一下。

② 为侦讯敌情而活捉来的敌人。如：捉到了一个舌头。

“花”的第一个义项是原义，它指称的是某种事物的一个部分的名称，后来在突出原义的基础上，把指称部分的名称，变为也可以指称这一事物整体的名称时，就产生了“花”的第二个义项，这就是用部分代整体以产生新义项的借代法。又如“舌头”一例，它的第一个义项是原义，第二个义项也是在突出“舌头”的意义和作用的基础上形成的，因为这种被称为“舌头”的敌人，主要的特点就是我们要通过他的舌头的作用来了解敌情。对这个“敌人”来说，“舌头”也是他的整体的一部分，所以“舌头”的第二个义项也是用以部分代整体的借代方法产生的。借代法的另一种情况，如：

翻译：① 把一种语言文字的意义用另一种语言文字表达出来。如：他翻译了许多文章。

② 做翻译工作的人。如：他是一位翻译。

“翻译”的原义是表示一种动作行为的，后来把实施这种动作行为的人也称为“翻译”，这就是在突出原义作用的基础上，在两种密切相关的事物之间，以甲事物指称乙事物，用借代的方法产生新义。

4. 特指法

特指法是在原义的基础上，用原来指称范围较大的词，去指称在这一范围之内的某一特定的事物，并从而产生新义。如：

喜事：① 值得祝贺的使人高兴的事。

② 特指结婚的事。

很明显，“结婚的事”是包含在“值得祝贺的使人高兴的事”这一范围之内的，所以它是这一范围内被指称的特定的事物，这种特指的指称情况，就产生了“喜事”的第二个义项。

以上分别谈了多义词义项产生的四种方法。事实上，一个多义词的几个不同的义项，既可运用一种方法形成，也可运用多种方法形成。如：

负担：① 承当，担当。如：负担任务，负担责任。

② 担当的责任，任务。如：学生的负担太重。

③ 压力，包袱。如：思想负担太重。

“负担”的第一个义项是原义，第二个义项是用引申法联想引申而来，第三个义项则是用比喻法比喻而成的。

**（四）多义词的几种意义及其关系**

多义词都是由单义词发展而来，因此，就有了原始义和派生义之分。词最初产生时所具有的意义就称为原始义，在已有意义的基础上产生的意义，就称为派生义。有时新的派生义也可能是从旧的派生义的基础上产生出来的。

从词的义项派生的关系来看，充当新义产生的基础者称为基本义，产生出的新义则称为非基本义。

从词义在社会上使用的情况来看，社会上普遍使用的最常用最主要的意义就称为常用义，其他的则称为非常用义。

多义词的各种意义，随着语言不断地发展和变化，往往表现出一种错综复杂的情况。

当词刚出现时，它的原始义也就是它的常用义，当然也是基本义。随着语言的发展，原始义出现了两种不同的情况。第一种是原始义一直被沿用下来，在社会发展的任何阶段，它都是社会上所普遍使用的常用义，同时也能充当基本义。如“人”“山”“水”“树”“手”等等都是这种情况。第二种是在发展过程中，原始义不再是社会上的常用义，甚至也不能再作为词义被独立运用了，它的派生义却成了常用义，并逐渐成了能够派生他义的基本义。如汉语中的“兵”，原始义是“兵器”，现在的常用义却是“战士”；“强”的原始义是“弓有力”的意思，现在的常用义却是“强大”、“强盛”的意思。很明显，在现代汉语中，“兵”和“强”的原始义和常用义已不一致了。这些词的常用义发生改变后，它们的原始义除还保留在一些习用的语言结构中外，绝大多数的原始义都会失去独立充当词义的资格，只能在某些情况下，还可以作为词素义被运用罢了。由此可见，词的原始义和常用义、基本义并不完全一致，它们在发展过程中，也会发生改变和转化的。

词的常用义和基本义关系比较密切。在一般情况下，多义词的常用义往往就是它的基本义，它是产生一切新义的基础，多义词的其他义项，都是在这一意义的基础上直接或间接产生出来的。如前面所举的“老”，它的几个派生义都是从基本义直接派生出来的。又如“打”一词，它的常用义和基本义是“打击”的意思，如“打鼓”“打人”等。因为制造某些器具时有打击的动作，于是就从基本义“打击”中派生出了“制造”的意义，如“打一把刀”“打一个橱子”。因为“编织”的活动也是一种制造活动，于是从“制造”义中又派生出了“编织”的意义，如“打毛衣”“打帘子”。从这几个意义来看，“制造”义是从“打击”义直接派生出来的，而“编织”义是从“制造”义直接派生出来的，所以“编织”义对“打击”义来说，就是间接派生的关系。没有“打击”义，就没有“制造”义，也就不可能派生出“编织”义，所以“打击”义是基本的，是其他新义直接或间接派生的基础。在间接派生意义的过程中，起中介作用的是非基本义。如“制造”义，虽有着基本义的性质，但不能叫做基本义。因为多义词在某一发展阶段上，只能有一个基本义，只有这样，我们才能够更清楚地观察分析多义词各义项产生的来龙去脉，以及它们相互联系的情况。如对“制造”义这种情况来说，可以称为“具有基本义性质的非基本义”。如果一个多义词中这样情况的意义不止一个的话，可以按照义项产生的先后情况，称为“第一个具有基本义性质的非基本义”“第二个具有基本义性质的非基本义”等等。如果能够对每一个多义词义项的产生情况都做如此说明的话，那么对词义是怎样演变和发展的等问题，也就容易一目了然了。

**（五）一词多义和一词多类**

因为多义词是指一个词具有几个互有联系的不同的意义，所以多义词是一种一词多义的现象。

一词多义和语法中的一词多类现象是有密切联系的，从多义词的情况看，有的多义词的几个意义可以属于同一个词类。如：

落（là）：① 遗漏。如：这里落了两个字。
② 把东西放在一个地方，忘记拿走。如：把书落在家里了。
③ 因为跟不上而被丢在后面。如：他走得慢，落下很远。

“落”（là）的三个意义尽管不同，但却都表示了一种动作，它们的语法功能相同，都属于动词之类。这种一词多义的现象和一词多类的情况当然是无关的。

但是有的多义词却不是这样。如：

辣：① 像姜、蒜、辣椒等有刺激性的味道。如：这菜又酸又辣。（形容词）
② 辣味刺激。如：辣眼睛。（动词）
③ 狠毒。如：他的手段真辣。（形容词）

短：① 长度小。如：衣服太短。（形容词）
② 缺少，欠。如：短他三元钱。（动词）
③ 短处，缺点。如：不要当面揭短。（名词）

以上两例中，“辣”的三个意义分属于形容词和动词两个词类。“短”的三个意义分属于形容词、动词和名词三个词类。这种一词多义的情况，同时也都是一词多类。

一词多义不一定都是一词多类，但是汉语中一词多类者肯定是一词多义的。一词多义和一词多类都是对词义的说明,一词多义着重从词汇意义方面说明了词义表示的内容,一词多类则着重从语法意义方面说明了词义的语法性质和特征。所以分析和了解多义词的时候,不但要明确词的各个义项所表示的词汇意义的内容,而且也应该注意各个义项的语法意义,注意它们的语法性质及其所属的语法类别,只有这样,才能全面地认识多义词。

**(六)多义词的单义性**

一个多义词孤立存在的时候是多义的,但是当它被具体运用的时候,却又表现为是单义的,这就是多义词的单义性。正因为多义词在具体使用中具有单义性,才能使人们在交际中不会发生意义上的混淆,也才能使人们准确地表达自己的意思,进行思想交流。

多义词的单义性是由使用时的具体语言环境所决定的。具体的语境不但能突出、明确地表示出多义词的某一个意义,同时还可以使该意义获得具体的事物对应性。如"嗓子"一词,在"小红把嘴张开,请大夫看看嗓子"中,它是表示"喉咙"的意思,它的具体事物对应性就是指小红的嗓子,而不是别人的嗓子。如果在"小王的嗓子好,就让他唱吧"中,显然,"嗓子"表示的是"嗓音"的意思,而且它的事物对应性只能是小王的嗓音,而不可能是别人的嗓音。这一切都是由具体的语境决定的。

为多义词提供单义性的语境是多方面的。一句话,一个眼神或手势,都可以形成某种影响语义的语境。总括起来说,基本可表现为两种情况:一是语言本身形成的语境,即语句中的上下文;一是社会生活形成的语境,即交际时的具体生活环境。

许多多义词,依靠语句中上下文的帮助,就可以表现出它的单义性。如"骄傲"一词,在"他太骄傲了,听不进别人的批评意见"中,"骄傲"表示的是"自高自大,自以为是"的意思,但在"作为一个中国人,我感到无比骄傲"中,很明显,"骄傲"又表示了"自豪"的意思。又如

“简单”一词，在“这个故事情节比较简单”中，它是表示“结构单纯，头绪少”的意思，在“这个人头脑太简单”中，它是表示“平凡无能”的意思，但在“我们不能简单从事”中，“简单”表示的又是“草率，不细致”的意思了。

也有少数的多义词，只靠上下文的帮助，是不能表现出它的单义性的，如“你又扮演了一个很不光彩的角色”中的“角色”，只凭这句话是不易确定它的意义是指“演员扮演的剧中人物”呢，还是指“一个人在某种场合中不体面的所作所为”，这时，就需要借助于具体的交际环境了。如果两人是在谈论演出的剧中人物，那么，“角色”表示的肯定是前一个意义；如果两人谈论的是指生活中的某件事情或某个场面，那么，“角色”表示的意义显然就是后者了。

由此可见，尽管汉语中的多义词非常丰富，但是由于语境的作用，在具体使用中，多义词又总是以单义的性质出现的。

**（七）多义词和同音词**

同音词就是指语音形式相同而意义完全不同的词。汉语中，词的语音形式必须在声、韵、调三方面都完全相同，才能叫做同音词。如：

米（mǐ，稻米）——米（mǐ，一公尺是一米）

汗（hàn，流汗）——旱（hàn，天旱）

杜鹃（dùjuān，鸟名）——杜鹃（dùjuān，花名）

数目（shùmù，这个数目字很大）——树木（shùmù，院子里树木很多）

因为同音词的语音形式相同，特别是有部分同音词书写形式也相同，所以表面看来，好像和多义词一样，都表现为一种形式具有多种意义的现象，往往使人分辨不清。

同音词和多义词是性质完全不同的两种现象，两者的区分就在于：同音词都是各自独立的不同的词，它们的词义之间没有任何的联系。多义词却是不管它有多少个义项,它都是一个词,因为这个词所表示的各个意义之间都是有所关联的。

从同音词和多义词的形成来看,两者也截然不同。同音词的出现是人们在语言发展的各个不同的历史阶段、不同地区、不同场合进行造词的结果,同音词的形成,完全是两个不同的词在语音方面的偶合,所以具有偶然性;多义词则不然,从词义发展的总趋势来讲,多义词的出现是语言历史发展的必然,从每个多义词义项产生的情况来说,也都是有理据可寻的,所以它的形成具有有理性。当然我们也不排除,多义词中的个别义项,由于长时间历时发展的结果,它和其他义项间的联系已不再为人们了解和察觉,在这种情况下,它也有可能被分化出来,和原来的词形成为同音词。

总的说来,同音词和多义词的区分还是非常明显和清楚的。对于将同音词中相同的多义词素拿出来,并以此为理由,人为地把某些同音词归并到多义词中去,这种做法是绝对不可取的。

**(八) 多义词和同形词**

同形词就是指书写形式相同,但语音形式和意义都不相同的词。如:

行(xíng 行走)——行(háng 行列)

长(zhǎng 生长)——长(cháng 长短)

传(chuán 传送)——传(zhuàn 传记)

好(hǎo 好孩子)——好(hào 好聊天)

只从书写形式上看,同形词好像也是同一个形式表示着不同的意义,但是必须明确,同形词和多义词有着本质的区别。同形词的各个形式首先在读音上就不相同,这已可以证明它们是两个词,其次它们表示的意义也各不相同,这些意义之间,虽然有的可以有其相互演变的痕迹,但却不存在多义词中那种基本义和派生义的关系;同形词更不是同音词,因为它们除了书写形式相同之外,其语音形式迥然各异,因此同形词完全是各自独立的一类词，它们只不过是书写形式相同罢了。所以我们在了解词义的类型时，也应该把同形词和多义词，乃至于书面语言中的同形同音词等区别开来。

# 第3节　同义词

## 一　同义词及其特征

### （一）同义词的界定

多少年来，我国语言学界都共同认可着一种说法，那就是“同义词就是意义相同和相近的一组词”，我本人也很长时间沿用着这个定义，但是在运用的过程中，总感到有些问题解决得很不透彻。首先一个问题就是这个定义名不副实，名义上讲的是同义词，但基本论述的却是近义词，而近义词的特点则是意义并不相同，而且都不能相互代用，这怎么能说是同义词呢；其次的问题是，这样处理使人们在研究、讨论和学习同义词的时候，对真正的同义词总是一笔带过，不但没有引导大家能够认真地去认识它、学习它、研究它和分辨它，相反的却有意无意地抹杀了它的存在，当然更谈不上去肯定它存在的意义和价值了。无须多说，仅以上两点就足以说明现在学术界对同义词的界定是不合适的。

同义词是语言词汇中永远存在的一种词义类聚现象，是活跃在现实人们的言语中不可抹杀的词汇存在事实，因此我们必须去正视它，承认它，研究它，正确地确定它存在的价值，并给予它在语言词汇中应有的地位。

同义词的界定应该是：语言中意义相同的词就叫做同义词。如：

衣服——衣裳　　水平——水准

祖母——奶奶　　诞辰——生日

丈夫——老公　　容貌——长相

汉语中的同义词，绝大部分在语音形式上都不相同，只有极少数的同义词，在意义相同的情况下，还具有相同的语音形式，如“口形”和“口型”就是这样。不过这种同音同义词在语言中的确是很少见的，而且这种情况也往往是由于书写方面的原因造成的，而不是口语中的问题。

### （二）同义词的界定标准及其特征

由于同义词是意义相同的词，很明显，意义相同就是同义词的本质特点。以我们在前面所论述的划分词义类聚的标准为依据，它的本质特点主要就表现在词汇意义、语法意义和词义概念对应性的完全相同上。因为只有词汇意义及其概念对应性完全相同，才能够达到同义的要求，也才能反映出同义词的本质特点来。语法意义相同，是划分词义类聚的前提条件，表现在同义词上也非常明显，因为只有属于同一种词类的词，表现在意义上才能够属于同一种类型的概念范畴，也只有在同一种类型的概念范畴的基础上，才能够使它们在意义上产生联系和关系，并进而确定其是否是同义词。

分析划分词义类聚标准的过程中，虽然在认识和阐释时被分析为词义的几个方面，但是在具体运用时，它们却是一个各方面相互联系的整体。就词汇意义来说，它与其概念对应性自然是一致的，但在具体的问题分析中，它和语法意义也必须结合起来。如从语法意义来讲，“哥哥”“兄长”和“弟弟”三个词，都是亲属称谓词，都属于同一个类型的概念范畴，在这个前提条件下，完全可以对它们进行比较，但是仅凭这一点是不能判定三个词的关系的，只有结合词汇意义来进行辨析，才能够确定“哥哥”和“兄长”是同义词，因为它们具有相同的词汇意义和概念对应性，而“弟弟”一词由于不具备这一条件，所以就不能进入前两者同义类聚的范围之中。

由上所述可以了解，只有意义完全相同的词才是同义词，意义相同是它的本质特征，而词汇意义、语法意义和词义概念对应性的完全相同则是确定同义词类聚的根本依据。

## 二 同义词的类型

通过以上所述，我们以此标准就可以确定出属于同义词类聚范围的内容。此外，由于语言中存在着单义词、多义词以及一词多类等不同的词义表现形式，所以在分析词义的时候，为了准确起见，应该以词的一个意义（即一个义项）为分析单位来进行，因为只有这样，才能把问题探讨得细致和深入。

观察同义类聚的情况，可以将其所属内容分为以下四种类型。

### （一）完全同义词

完全同义词是指词的词汇意义、语法意义和色彩意义都完全相同的词，这类词在语言中也被称作等义词。如：

忌妒——妒忌　　衣服——衣裳

互相——相互　　床板——铺板

眉毛——眼眉　　手臂——胳膊

暖瓶——热水瓶　　灯泡——电灯泡

卷心菜——包心菜　　山茶花——耐冬花

和——同　　路——道　　吞——咽

我们以判定同义词的标准为根据，将“眉毛”和“眼眉”，“包心菜”和“卷心菜”的情况分析如下。

| | 眉毛 | 眼眉 |
|---|---|---|
| 词汇意义 | 生在眼眶上缘的毛 | 生在眼眶上缘的毛 |
| 概念对应性 | 生在眼眶上方、黑色、短形的毛 | 生在眼眶上方、黑色、短形的毛 |
| 语法意义 | 名词 | 名词 |

| | | |
|---|---|---|
| 色彩意义 | 中性色彩 | 中性色彩 |

| | 包心菜 | 卷心菜 |
|---|---|---|
| 词汇意义 | 结球甘蓝 | 结球甘蓝 |
| 概念对应性 | 甘蓝类的菜，叶子一层层地包起来，像球状 | 甘蓝类的菜，叶子一层层地包起来，像球状 |
| 语法意义 | 名词 | 名词 |
| 色彩意义 | 形象色彩 | 形象色彩 |

通过以上两组同义词的分析，可以看到完全同义词在词义的各个方面都是一样的，这就是这类同义词的本质特点。

由于完全同义词（即等义词）的意义完全相同，所以它们在语言交际中的作用完全一样，因此，在具体的语境中，完全同义词都是可以相互换用的。如把"我买卷心菜"说成"我买包心菜"，把"他忌妒你"，说成"他妒忌你"，意义都毫无不同。然而也正因为完全同义词在交际中的作用都是一样的，这就决定了它们在语言中没有共同存在的必要。所以在社会的运用和约定俗成中，完全同义词总要被取此舍彼，而不能同时共存下去。

完全同义词是语言中永远存在着的一种词汇现象，从历史发展情况看，这类同义词的成员，永远都是处在一种不断消失、不断产生的循环往复之中。因为这类完全同义词的作用都是一样的，所以它们都会面临着一种被规范的过程，并表现为两种不同的发展情况。一种情况是，在一组同义词中，逐渐地会将其中的一个保留了下来，另一个则被淘汰下去，如"向日葵"和"向阳花"这组词，就目前的使用情况看，前者被使用的频率就已明显地比后者多了起来。完全同义词的另一种发展情况是，有部分完全同义词，在发展过程中，逐渐走上了意义分化的道路，结果使它们都分别获得了为自己所具有的意义特点，它们都以自身具备的这些特点而被保留了下来，从一对完全同义词而发展成为一对非完全同义词，如"魂灵"和"灵魂"原来是一组同义词，都是指“魂”而言的。后来“灵魂”逐渐发展成了多义词，表示了“心灵、思想”和“人格、良心”等意义，于是“魂灵”“灵魂”有了分工和不同，结果它们都被保留了下来，并以自己在意义上的特点和作用继续存在于人们的语言运用当中。

任何民族、任何时代的语言都会有完全同义词的现象存在。语言中存在完全同义词的现象是很自然的，因为人们从各个不同的角度进行造词活动的结果，就会使语言中不断地产生出各种各样的完全同义词。如现在家庭中使用的一种煤块，有的人从它的样子像蜂窝出发，就称它为“蜂窝煤”，也有人认为它的样子像藕，于是又称它为“藕煤”，不同的造词结果就使“蜂窝煤”和“藕煤”形成了一对完全同义词。现在通过社会的使用和约定俗成，很明显，“蜂窝煤”已被普遍运用开来。此外词汇系统的发展演变和调整也能够使词义在自身内部的变化中形成为完全同义的类聚关系。

社会上永远会不断地制造出完全同义词，语言中也永远会存在着一部分完全同义词，而完全同义词又将永远不断地被规范着，或保留，或淘汰，或进行分化。这就是完全同义词发展的规律。

### （二）不完全同义词

不完全同义词是指词的词汇意义及其概念对应性相同，语法意义相同，色彩意义有别的一组词。因为这类词完全具备了同义词形成的特点和根据，所以也属于同义词范围。如“父亲”和“爸爸”，“生日”和“诞辰”等。现在以“会晤”和“见面”，“土豆”和“马铃薯”两组词为例，用判定同义词的标准将其情况分析如下。

| | 会晤 | 见面 |
|---|---|---|
| 词汇意义 | 彼此面对面相见 | 彼此面对面相见 |
| 概念对应性 | 彼此会面 | 彼此会面 |
| 语法意义 | 动词 | 动词 |
| 色彩意义 | 书面的和庄重的色彩 | 口语色彩 |

| | 土豆 | 马铃薯 |
|---|---|---|
| 词汇意义 | 地下长成的卵圆形块茎食物 | 地下长成的卵圆形块茎食物 |
| 概念对应性 | 一年生草本植物，卵圆形，地下块茎肥大，供食用 | 一年生草本植物，卵圆形，地下块茎肥大，供食用 |
| 语法意义 | 名词 | 名词 |
| 色彩意义 | 口语色彩 | 科学语体色彩 |

通过以上两组词的分析可以看出，不完全同义词也完全是以词汇意义、概念对应性以及语法意义的完全相同为根据而形成的，所以可以肯定地说，无论哪一类同义词，在它的形成中，词的词汇意义及其概念对应性以及语法意义的相同都是其形成的决定因素；而色彩意义的不同则使同义词中产生了不完全同义词这一类别。

在语言中，词的色彩意义是非常丰富的，因此，由于色彩意义的不同而形成的不完全同义词也纷繁多样。下面我们做具体分析。

1. 语体色彩方面，例如：

祖母——奶奶　　会晤——见面

吝啬——小气　　美丽——好看

这几组词的前者都具有书面语或庄重严肃的色彩，而后者则具有口语色彩或亲切的感情色彩。又如：

买——购买　　看——观看

飞——飞翔　　坐——乘坐

这几组词的前者都是日常生活中常用的词，具有明显的口语色彩；而后者则多用于书面语和文艺作品中，有时也用于某些比较严肃的场合，因此，它们多具有书面语和文艺语体的色彩，以及某种程度的严肃色彩。再如：

水银——汞　　土豆——马铃薯

盐——氯化钠　　蚂蚱——蝗虫

这几组例词则反映了口语和科学术语语体的不同情况，很明显，它们的前者都有口语语体色彩，后者则都是科学术语语体的色彩了。

2. 感情色彩方面，例如：

孩子——宝宝　　黄河——母亲河

松树——青松　　老头儿——老头子——老大爷

这几组例词都是由于感情色彩不同而形成的不完全同义词，很明显，“宝宝”和“孩子”在一定语境中都可以指称自己的小孩，但“宝宝”所表现出来的对孩子的喜爱感情却比“孩子”丰富得多；“母亲河”和“黄河”相比，前者也明显地体现出了华夏儿女对黄河的那种崇敬、热爱和亲切的感情；而“松树”和“青松”相比，“青松”则把人们对“松树”的那种长青、挺拔和坚强品格的欣赏和赞美的感情充分表达了出来。“老头儿”一组中的三个词都是口语中的词，都具有口语的色彩，一般情况下也多表现为中性色彩。但是在使用中，相比之下，它们所表现出来的感情色彩也有所不同，“老大爷”一词往往带有一定的尊敬亲切的感情色彩，“老头儿”则多有亲切喜爱的感情色彩，而“老头子”有时却会被用于贬义的场合，带有使人厌恶的色彩；所以如果在“那个老头子真讨厌”的语境中，一般都不会用“老头儿”和“老大爷”的。

3. 外来色彩方面，例如：

出租车——的士　　激光——镭射

维生素——维他命　　超短裙——迷你裙

上面各组同义词是民族色彩和外来色彩的区别问题，它们尽管都是用汉语造词法造成的词，但因后者受到其成词的基础形式外语词语音的影响，因而两者相比，前者都具有民族色彩，后者则都具有外来色彩。一般说来，属于这类情况的词，因为它们都表示着相同的词汇意义和语法意义，对应着相同的概念，所以都是可以互相换用的。不过，在使用的过程中，由于民族的语言习惯和思维方式方面的可接受性等原因，具有民族色彩的词往往会越来越占优势，具有外来色彩的词，则会由于使用频率的降低而被逐渐淘汰，像汉语中过去使用过的“瓦斯”“德律风”，后来被“煤气”“电话”所代替，就说明了这种运用规律的情况。上面所举的“镭射”，从现在社会的运用情况来看，也有逐渐被“激光”取代的发展趋势，至于“迷你裙”一词，现在其使用范围和频率已明显地越来越小了。

不过这一语言词汇的发展规律，只是就一般情况而言的，体现到每个具体的词上当然会有所不同，如上例中的“维他命”，虽然在使用上不如“维生素”的频率高，但是它的生命力却相当长久，根据目前的应用情况，这个词仍然会被汉族社会继续使用下去。对于“的士”一词，虽然它是近些年才产生的新词，但目前已被社会所接受，并被收入到《现代汉语词典》当中。

4. 形象色彩方面，例如：

美慕——眼馋　　桂圆——龙眼

白——雪白　　抽油机——磕头机

以上几组词都是中性色彩和形象色彩的区别问题。很明显，上面的例子中，每组的前者都是具有中性色彩的词，而后者则都具有鲜明的形象色彩。这类同义词在语言应用中，一般是可以相互替换的，只是后者在表达上更显得生动活泼罢了。

5. 时代色彩方面，例如：

护士——看护　　知识分子——臭老九

剧院——剧场——戏院

保姆——佣人——老妈子

这几组词是表现了不同时代色彩的同义词，时代色彩就是能够反映出某个时代的韵味和语言运用情况的色彩。就以上的词例来看，它们每组词的词汇意义和语法意义都是一样的，但由于各个词的产生和运用的时代不同，所以每个词的色彩意义方面都有着浓郁的时代痕迹。词的时代色彩不一定只表现在漫长的不同时代中，有的也可以在很短的时间内就体现出来，像上例中的“臭老九”就是这样，虽然它和该组内其他的词都是指的同一种事物，但是却更能够反映出特定时代人们认识上的一种时代色彩。

时代色彩不同的词，因为它们所反映的客观事物都是一样的，所以使用不同的词，也能够反映出该事物的不同时代特点，甚至可以使人们了解不同社会阶段的历史状况。如“酒店”和“饭店”就是这样的一组同义词，现在社会上一般都开始用“酒店”而不用“饭店”，因此人们通过“北京饭店”这一名称，就可以理解到这一饭店是在过去就已经存在的了。同样，通过“臭老九”一词，人们也会立刻回想到“文化大革命”的情况。由于一组同义词的时代色彩不同，所以一般情况下，这类词是不能够相互换用的。

6. 地方色彩方面，例如：

口气——语口儿　　白薯——红薯——地瓜

玉米面——苞米面——棒子面

聊天儿——拉呱儿——唠嗑

上面的几组词主要体现了词所具有的不同的地方色彩。同义词的地方色彩其表现情况也各不相同，有的是词与词之间普通话色彩和地方色彩的不同，如“聊天儿”和“唠嗑”，有的则是由于使用的地区不同而出现的不同色彩之间的差异，如“红薯”和“地瓜”。不过虽然它们的地方色彩不同，除了特殊语境的需要之外，一般情况下，它们还是可以互换使用的。

以上各类例词，它们在词汇意义和语法意义方面都是相同的，但是由于色彩意义的不同，结果使它们在具体应用中产生了差别，尽管有些词的色彩意义及其使用情况不是绝对的，如某些具有书面语色彩的词，有时也可以用于口语中，而一些具有口语色彩的词，有时也可以用于书面语中，这说明有些不同色彩的同义词还是可以互换使用的。但是在一般情况下，对这类色彩意义不同的词，在运用中加以区别，还是非常必要的，因为它们在表意上的差异还是很明显的，甚至在某些具体的语境中，一组不完全同义词中的几个词是不能够互相代替的。如在“今天是小明的生日”中，就不能把“生日”换成“诞辰”，在“我买了两包盐”中，就不能把“买”换成“购买”，也不能把“盐”换成“氯化钠”。在现代社会中，人们同样更不能把“火柴”“汽油”等换成带有明显的过去时代色彩的“洋火”和“洋油”。虽然由于不完全同义词的词汇意义都完全相同，即使换用也不会影响其概念对应性和具体意义的表达，但是却与社会上的语言习惯是极不吻合的，而且也是不规范的。

由此可见，不完全同义词虽然都具有相同的词汇意义，都有相同的概念对应性，但它们却不是语言中多余的成分，恰恰相反，正因为它们的色彩意义不同，所以它们的存在更能增强语言的表达能力，从而使人们的交际生活更加丰富多彩。

### （三）义项对应同义词

义项对应同义词是指两个或两个以上的不同的词，从整体上讲，它们的意义并不相同，但却可以在某个义项上形成了对应关系，并形成为同义词。如“短”是一个多义词，它有三个义项：1.两端之间的距离小，与“长”相对；是形容词。2. 缺少，欠；是动词。3.缺点；是名词。“短”的这三个义项都是词义，都可以作为造句单位来独立运用，无论在静态或动态存在中，它们都可以和其他词的义项构成同义词。如动词的“短”就可以和“缺少”“欠”等构成同义词；名词的“短”就可以和“缺点”“短处”等构成同义词。随着新词的产生和多义词的增多，这类义项交叉同义词将会越来越得到发展。

义项对应同义词在语言静态存在时，往往只是一种客观的甚至是潜在的联系和对应关系，人们一般都不把它们看作同义词。但是在动态应用中，特别是在某个特定的具体语境中，它们这种同义关系就会被明显地显现出来。下面我们再继续做一下词例分析。

例如“愿望”和“希望”两个词，根据《现代汉语词典》（修订本）的注释，它们表示的意义是：

愿望：希望将来能达到某种目的的想法。如：他参军的愿望终于实现了。

希望：① 心里想着达到某种目的或出现某种情况。如：他从小就希望做一个医生。

② 愿望。如：这个希望不难实现。

从注释中可知，“愿望”是一个名词，“希望”则是一个兼类词。它的第一个义项表示的是一种动作行为，属于动词，第二个义项则和“愿望”相同，属于名词。在这种情况下，“愿望”和“希望”的第二个义项，由于词性相同，词汇意义和词义的概念对应性也相同，因此就形成为一对同义词。又如“工作”和“职业”“业务”“任务”等词的情况，《现代汉语词典》（修订本）对这几个词的注释是：

工作：① 从事体力或脑力劳动，也泛指机器、工具受人操纵而发挥生产作用。如：铲土机正在～。② 职业：在资本主义国家，经常有成千上万的人找不到～。③业务；任务：工会～|科学研究～。

职业：个人在社会中所从事的作为主要生活来源的工作。

业务：个人的或某个机构的专业工作：～范围。

任务：指定担任的工作；指定担负的责任：政治～|超额完成～。

从以上各词的注释中可知，“工作”的第一个义项属于动词，第二个和第三个义项都属于名词。“职业”“业务”“任务”等词都是名词。因此，在同是名词词性的情况下，从其词汇意义和词义的概念对应性情况来判断，“工作”的第二个义项就可以和“职业”形成同义词，“工作”的第三个义项则可以和“业务”“任务”等词分别形成同义词。由此可见，这类义项对应的同义词完全是由一词多义和一词多类的情况造成的。同时也清楚地说明了，对一组同义词来说，词性相同是它们得以形成的必要条件。

义项对应同义词的形成是多义词单义性的一种必然体现。因为只有这样的语言使用和语境，才能使义项对应同义词变为现实。

由多义词义项之间的对应关系而形成的同义词，因为它们的联系就是建立在词汇意义、语法意义和色彩意义基本一致的基础上，所以这类同义词有时在某些语境中是可以互相换用的，如“旧”是“陈旧”的意思，多义词“老”有一个义项也是“陈旧”的意思，因此“旧”和“老”在这个意义范围内形成了同义词，并且在某些语境中可以互相换用。我们把“这式样太旧了”说成“这式样太老了”，是完全可以的。仅从这种情况看，可以说，这些同义词具有等义的性质。但是，我们也不能因此就把这种同义词都看作是毫无区别的，因为它们并不是在所有的语境中都能换用。如“这双鞋太旧了”，就不能说成“这双鞋太老了”。又如在“我把包袱在你这里放一下”中，可以把“包袱”换用成“包裹”，但是在“我去邮局取包裹”中，“包裹”却不能换用成“包袱”。这类词中还有部分词是很少换用的，如“孩子”的一个义项可以和“儿童”形成同义词，都是表示“较幼小的未成年人”的意思，但是这两个词除了在“这些孩子真可爱”等少数语境中，还可勉强换用外，在大多数的场合都是不能换用的。如在“儿童医院”“儿童公园”“儿童玩具”“儿童福利”等语境中，“儿童”就不能用“孩子”来代替。相反，在“这些事让孩子去做吧”“我有三个孩子”等语境中，“孩子”也不能用“儿童”来代替，可见这类词在使用上还是有其一定的语境条件的。所以，我们对这类同义词所表现出来的异同，也应该注意分辨清楚。

形成义项对应同义词时，可以是单义词的意义与多义词的某个义项相对应，也可以是两个或两个以上多义词的某个义项相对应。如“树”一词既可以表示“单独的一棵树”的意思，也可以表示“许多树”的意思，而“树木”则只能是表示“许多树”的意思，因此“树”的第二个意义和“树木”的意义只能在“这些树长得真茂盛”的语境中形成同义词，因为在这一语境中，由于其上文“这些”的关系，才能够把

“树”的第二个意义显现出来。在这里单义词“树木”和多义词“树”的后一个义项相对应。又如“包袱”“包裹”和“负担”则是三个多义词：

包袱：① 包衣服等东西用的布。

② 用布包起来的包裹。

③ 比喻影响思想或行动的负担。如：思想包袱。

④ 指相声、快书等曲艺中的笑料。

包裹：① 包，包扎。如：用布把伤口包裹起来。

② 包扎成件的包儿。如：他肩上背着一个小包裹。

负担：① 承当，担当。如：负担责任。

② 担当的责任，任务。如：学生的负担太重。

③ 承受的压力。如：思想负担。

比较以上三个词的情况，我们就会发现，从每个词的全部意义内容来看，它们之间是难以形成同义关系的，但是，从它们各个义项之间的联系和对应来看，“包袱”的②项和“包裹”的②项就具有同义的关系，因此，“包袱”和“包裹”在这个意义范围内就可以成为同义词。同样，由于“包袱”的③项和“负担”的③项在意义上也可发生联系和对应，因此，“包袱”和“负担”在这一意义范围内，也能够成为同义词。

**（四）言语同义词**

言语同义词就是在言语交际中，由于语境的帮助而形成的同义词。如在正常情况下，表类概念的词和表种概念的词是不能构成同义词的，因为分别表示类、种概念的词，其词义的内容自然是不一样的，所以它们之间不具备形成同义词的条件。但是在具体语境中，由于交际条件的帮助，表示类概念的词往往会具有具体事物对应性，从而变成了指称种概念的意义，并和它临时所指的表示种概念的词形成了言语同义词。例如一个人指着一束菊花说：“这花真好看。”很明显，这里的花就是指的菊花，所以在这一语境中，“花”和“菊花”就可以形成言语同义词。在具体语境中，由于词的语法意义发生了变化，也可以形成言语同义词。如在“他的聪明和才智也是他在科研上获得成功的原因之一”的语境中，形容词“聪明”获得了名词的语法性质，因此在这一语境中，“聪明”也可以和“才智”形成为言语同义词。

言语同义词只能是在言语交际中产生，依附语境而存在，因此它的生命是短暂的，具有很强的临时性。不过这类同义词在言语交际中却是大量存在的，它不仅灵活多样，而且可以根据交际的需要，适时地变换自己具体事物对应性的内容，给言语交际带来简洁明快的同时，也充分表现出了它所特有的鲜明突出的表达效果。

以上同义词的四种类型，都属于同义类聚。但是这不同类型中的每一种类型，也都各自有区别于他种类型的地方。首先，从完全同义和不完全同义的角度来看，除第（二）类是不完全同义词外，第（一）、（三）、（四）类都是完全同义词，即都具有等义的关系。但是在这三类当中，它们的存在、使用和发展变化情况又不相同。对第（一）类来说，它的存在本身就决定了同义词的成员是不能共同长期并存的，因此它们都会有一个一方被保留一方被淘汰，或者彼此间产生分化的过程；对第（三）类来说，虽为完全同义，却可以长期共存，甚至随着语言的发展而更加丰富，因为它们形成为同义词的义项，都存在于不同的个体词的词义之中。再者，它们虽为同义词，但有的却不能替换使用；对第（四）类来说，情况就更不同了，因为这类同义词都是在言语中产生，所以一旦离开了语境即不复存在，不过作为这种词义临时形成类聚的现象，却永远存在于言语运用之中。其次，从语言的静态和动态存在形式的角度来分析，我们也可以清楚地看到，第（一）、（二）、（三）类都是语言成分，是一种静态的存在形式，无论它们被运用与否，这些类聚都会以显形形式或隐形形式客观地存在于语言系统之中；第（四）类则有所不同，它是言语成分，是一种动态的存在形式，尽管这类同义词的某些成分被长期运用后，也有可能被约定为语言成分，但这却需要有一个发展和转化的过程。言语同义词的产生、存在、运用和发展，也是我们词汇动态研究中的一个不可忽视的内容。

通过以上分析，首先，我们可以清楚地了解到，同义词类聚有着自己的范围和丰富的内容，把同义词类聚独立出来，作为词义类聚的一种类型进行研究和探讨，还是完全有必要的。其次，我们也清楚地认识到，对词义类聚的类型划分，也应该根据一定的理论标准来进行。对同义词的确定，就必须要强调词的词汇意义和概念对应性都相同这一根本特点。当然，语法意义相同也是形成同义词的基础，但是，如果没有词汇意义的相同，那么，尽管词性相同，也不能形成同义词。如“人”和“树”都是名词，“美丽”和“宁静”都是形容词，可是因为它们的词汇意义完全不同，所以就不能形成同义词。对色彩意义来说也是如此，在同义词的形成中，色彩意义具有一定的作用。如在词汇意义和语法意义都相同的条件下，色彩意义相同与否，都能形成同义词，但是色彩意义相同的是完全同义词，不同的则是不完全同义词。但是，如果没有词汇意义的相同这一根本依据，那么，即使色彩意义完全相同，也不能形成同义词。如“太阳”和“月亮”都是名词，都具有中性的色彩意义，“后果”和“叛徒”都是名词，都具有贬义的色彩意义，但是，因为它们的词汇意义都不相同，所以也不可能是同义词。

## 三　同义词产生的原因和途径

同义词是语言词汇中非常活跃的一个部分，同义词的丰富和纷繁，不但可以说明词汇的发展，而且在某种程度上也能够反映语言的发展和人们思维能力的发展。

人类社会的不断发展，人们思维能力的不断发展，以及语言本身的不断发展，都可以促成同义词的产生和发展。在以上方面的影响下，同义词形成的途径是多方面的。

（一）人们对客观事物进行认识的角度不同，从而产生了不同的词，结果形成了同义词。如“荧屏”和“屏幕”两个词，虽然表示着同一种事物，都是指电视机的显像部分而言，但是两者的名称却不相同，“荧屏”着眼于荧光粉的作用而造词，“屏幕”则是着眼于“幕”的形象而造词，因而形成了同义词。以下的词例都是这种情况。如：

信封——信皮　　合作——协作

争辩——争论　　发卡——头卡

西湖——西子湖　　番茄——西红柿

（二）人们对事物的感情和态度不同，从而产生了不同的词，并形成为同义词。如：

老头子——老头儿　　孩子——宝宝

诞辰——生日　　助手——帮凶

遗体——尸体　　教导——教唆

（三）词义演变形成同义词。如“大夫”一词原为一种封建官职的称呼，因也用来称呼医官，于是有了“医生”的意思，结果与“医生”形成了同义词。其他又如：

丈夫——老公　　丈人——岳父

时髦——摩登　　岁——年

（四）吸收方言词的结果。即吸收到普通话中来的方言词，和普通话中原有的词形成同义词。如：

搞——干、做　　把戏——手段

（五）接受外语词语音形式的影响造成的词，和不受外语词语音形式影响造成的词形成了同义词。如：

镭射——激光　　米——公尺

拷贝——复制　　维他命——维生素

（六）科学术语和日常用语并用形成同义词。如：

汞——水银　　昆虫——虫子

氯化钠——食盐　齿龈——牙床——牙床子

（七）书面用语和日常用语并用形成同义词。如：

烟霭——云雾　　部署——安排

黎明——早晨　　措施——办法

（八）汉语词双音化的结果形成同义词。如：

眼——眼睛　　路——道路

丢——丢失　　到——到达

（九）词序不同形成了同义词。如：

觉察——察觉　　情感——感情

相互——互相　　忌妒——妒忌

同义词形成的原因和途径比较丰富多样，如语言中的委婉用语和社会方言中的某些用语，都可以和一般的日常用语形成同义词。所以在探讨语言的发展和词汇发展时，同义词的形成和发展也是一个非常重要的方面。

## 第4节　近义词

近义词是词汇学界早已熟悉的一类词，同时也是感觉非常难以处理的一类词，因为何为近义词，如何判断其为近义，是难以确定其标准的。过去都把它划归到同义词中去作为同义词的一类来处理。但是，“相同”和“相近”毕竟是不同的，因为近义词不可能具有像同义词一样的“词汇意义和概念对应性都完全相同”的本质特征，把两者放在同一个类型之内，肯定不易把问题说清楚。因此现在我把它和同义词区分开来，试图从词汇意义及其概念对应性的角度做一些探讨。

## 一　近义词及其特征

近义词就是语法意义相同、词汇意义相近的一组词。所谓语法意义相同，其道理如前面所讲，那就是这一组词必须要在同一个类型的概念范畴之内，否则是无法进行比较的。所谓词汇意义相近，就是指一组近义词在词汇意义的义素分析上有主次之分，反映到它的概念对应性的特征分析上也有主次之分。因为近义词在它们意义的主要义素上和概念的本质特征上都是相同的，所以它们的基本内容完全一致，而这也正是它们能形成近义的本质所在。又因为近义词在次要义素和一般特征上存在着一定的区别，而这种区别就决定了它也不能被视为同义词。由此可见，近义词从划分标准上看也是有其自身特点的。如我们在前面提到的“效果”和“后果”两词，因为它们反映的主要义素和本质特征都是一样的，都表达了“结果”的意义，而“好的”和“坏的”这部分内容，从实际运用看，它们并不影响基本意义的表达，所以应属于次要的部分，因此“效果”和“后果”是一对近义词。现再以“整理”和“整顿”两个近义词为例，将其情况分析如下：

| | 主要义素和本质特征 | 次要义素和一般特征 |
| --- | --- | --- |
| 整理 | 使涉及的对象　整齐　有序 | 实体的东西 |
| 整顿 | 使涉及的对象　整齐　有序 | 抽象的东西 |

很明显，“整理”和“整顿”两词由于它们的主要义素和本质特征相同，所以它们形成了近义的关系，而且可以共同存在于同一个类概念“使之整齐有序”的范围之内。在这里把“实体”和“抽象”的不同列为次要义素和一般特征，是因为这种区分更多的因素是语言使用上的搭配不同造成的，这一不同并没有影响到概念的本质特点，这些次要成分对词义来说，可以使整体词义有所区别，从而形成近义词；对概念来说，也是由于人们通过语言实践而得到的一种认识，并使得“整理”和“整顿”两个概念出现了某种差异，但是这些特点并没有影

响到其本质特点的改变和基本内容的表达，因此它们都是概念的一般特征。

正因为近义词在意义内容上有主要和次要之分，所以长期以来，人们在认识近义词上，因其主要内容相同而将它划归为同义词，又因其次要的内容存在着差别，所以在认同它同归为同义词一类的同时，又不得不特别关注和强调所谓"同义词辨析"的问题。

由上分析可以看出，任何一对近义词，无论词义轻重或者范围大小等等，其参与类聚的根本条件，除要求其语法意义相同之外，都必须要求在它的词汇意义和概念对应性的内容中，要有主要成分和次要成分之分，主要成分是根本的，次要成分是附属的，但是却是不可缺少的，因为尽管近义词反映的词义和概念的本质特点是相同的，但是近义词却是由于表示了其词义中的非本质特点才能够形成和存在，一组近义词中，如果没有具有区别性的非本质内容和特点，也就不可能出现近义词，当然也不可能存在近义词的类聚。这就是近义词的类聚标准和特征。

因为近义词所表达的基本意义是相同的，所以对近义词来说，即使用错了，也不会影响到言语交际的基本意义的表达，只是不符合语言的搭配习惯和正确地进行语言运用而已。但是对语言应用来说，不分辨词义的细微差别和不符合语言的习惯用法也都是不允许的。随着人们思维能力的不断丰富和发展，近义词的出现是必然的，而且在语言运用中，大量近义词的参与，不仅丰富了人们使用语言的手段，而且也极大地增强了语言的表意功能，从而使人们的言语交际更加细致缜密和完善。因此我们不但要正确地认识近义词，慎重地对待近义词，而且更要重视研究近义词的辨析问题，以求能够确切地使用近义词。

## 二　近义词的类型

近义词的类型大致可分为两种。

（一）词汇意义相近，语法意义相同，色彩意义不同的近义词。例如：

鼓动——煽动　　保护——庇护

爱好——嗜好　　效果——后果

从以上词例看，“鼓动”和“煽动”都是动词，它们的主要义素和本质特征都表示“使别人行动起来做某种事情”的意思，但是“鼓动”指的是“用语言、文字等激发和振奋人们的情绪，使他们行动起来”，具有中性和褒义的色彩，“煽动”指的却是“挑动、怂恿别人行动起来去做坏事情”，多用于贬义，所以具有贬义色彩。由此可见，它们的次要义素和一般特征还是有区别的。又如“保护”和“庇护”也是一组动词，而且都表示“护卫住”的意思，但“保护”指的是“妥善照顾，护卫住，使不受损害”的意思，“庇护”则是指“护卫住加以包庇”。因此，前者具有中性色彩，后者则具有贬义的色彩。

词汇意义相近，语法意义相同，色彩意义不同的近义词，它的色彩意义和词汇意义都是一致的，色彩意义往往寓于词汇意义之中，人们从对词汇意义的解释中，就可了解到色彩意义的一般情况。这类近义词在具体的语句中，是不能互换使用的。

（二）词汇意义相近，语法意义和色彩意义都相同的近义词。例如：

整理——整顿　　优良——优秀

机灵——机智　　抵偿——赔偿

勇敢——英勇　　指斥——指责

这类近义词在语言中是大量存在的，正确细致地辨析这部分近义词，对语言的研究和运用都是非常必要的。这类近义词在语法意义和色彩意义都相同的情况下，可从以下几个方面认识词汇意义相近的情况。

词汇意义的指称范围不同：这是指一组近义词中两个词的词义，在指称的范围上有大小不同的区别。如“家属”和“家族”是一组近义词，它们共同的主要义素和本质特征都是指“一家中的人”，但是它们的次要义素和一般特征是有区别的。“家属”指的只是“某个人的家庭成员”，指称的范围比较小；“家族”指的却是“同一姓氏的，有血缘关系的可以包括几个分支的几辈人”，所以它的指称范围就比较大。又如“过程”和“历程”一组近义词，其共同内容都是指“经过的程序”，但是其区别性就在于“过程”的意义范围比较大，它“泛指一切事情进行或事物发展所经过的程序”。“历程”的意义范围就比较小，它只是“专指人们经历的较长的不平凡的过程”。由于词义指称的范围大小不同，所以这种近义词在同一语境中是不能替换使用的。

词汇意义的轻重不同：这是指一组近义词中的几个词，它们在表义上有轻重弱强之分。如“优良”“优秀”“优异”一组词，其相同内容都表示“好”的意思，可是“优良”表示的是“很好”的意思，“优秀”表示的是“非常好”的意思，而“优异”则表示“特别好”的意思。三个词义相比较，“优良”词义较轻，“优秀”比“优良”要重一层，而“优异”的词义较前两者就更重一些，所以三个词在表义上的轻重程度是不同的。又如“爱惜”和“珍惜”一组词都有“因重视而不糟蹋”的意思，但“珍惜”与“爱惜”相比，又有“特别重视”的意思，所以“珍惜”的词义要比“爱惜”的词义更进一层。词义轻重不同的近义词，在具体语境中也不能互换运用。

词汇意义的侧重面不同：所谓侧重面不同指的是一组近义词中的几个词义，在强调的方面上有所不同。如“证明”和“证实”都是动词，都表示“用可靠的材料来表明或断定人或事物的真实性”的意义。但是“证明”侧重于“说明其情况”方面，“证实”则侧重于“证明其确实”方面。又如“广博”和“渊博”是一组形容词，都表示在学识上“研究的范围广，方面多”的意思，但是“广博”在表示这一意义的时候，并没有说明深度如何，而“渊博”的词义则同时说明了“深而且广”的意思。由此可见，这类近义词在反映事物的细微差别方面是非常准确细致的。因此，这类近义词在具体语句中也不能相互替换使用。

由于近义词在词义上的细微差别，有的甚至都影响到词与词之间的配搭关系。如前面分析的“整理”和“整顿”这组词，就是由于其指标的范围不同，涉及的对象有别而影响到词的搭配使用，因为“整理”重在表示“把零散的东西搞得整齐有条理”，所以它只能和指具体事物的词相配搭，如“整理东西”“整理书籍”“整理房间”等；“整顿”着重于表示“使紊乱的秩序变得整齐有条理”，所以它往往和表抽象事物的词相配搭，如“整顿纪律”“整顿作风”“整顿组织”等。不能互换使用的近义词，如果用错了，轻则影响意义的准确表达，如把“优良的成绩”说成“优异的成绩”，重则造成语言表达上的混乱和错误，如把“整顿作风”说成“整理作风”。因此，认真细致地分辨和使用这些类型的近义词，的确是非常必要的。

# 第5节　反义词

## 一　反义词及其特征

反义词就是语法意义相同，词汇意义相反的词。例如：

高——低　　生——死

恩——仇　　上——下

成功——失败　　光明——黑暗

安全——危险　　大方——小气

热情——冷淡　　积极——消极

就语法意义来说，因为反义词也必须是同一个类型的概念范畴之内的词，所以它的词性必须相同，因而语法意义也必须相同。反义词的相反相对，主要也是反映在词的词汇意义及其概念对应性上，它的特点是在词汇意义的义素和概念特征的内容提取上，都必须是词汇意义的主要义素和概念的本质特征，而这些主要义素和本质特征之间的相同、相反和相对，就构成了反义词的根本内容。现将“活”和“死”这一对被公认了的反义词的情况分析如下。

| | 词义的主要义素 | |
|---|---|---|
| 活 | 生物 | 有生命 |
| 死 | 生物 | 失去生命 |

| | 概念的本质特征 | |
|---|---|---|
| 活 | 生物体 | 机体的细胞增长和新陈代谢在继续 |
| 死 | 生物体 | 机体的细胞增长和新陈代谢已终止 |

以上两个词我们都选取了两个主要义素和本质特征，所以认为它们都是主要的和本质的成分，是因为这两个词的词汇意义以及它对应的概念，都必须由这两部分构成，缺一不可。

由上例分析即可了解，反义词的形成就是以主要义素和本质特征的相同、相反和相对为根据的。在这些主要义素和本质特征之中，相同的部分反映的是其共同的上位概念的意义内容和特点，这些本质特点说明了它们正是处在同一个概念范畴之内；另一部分则是它自身所独有的本质特点，这些本质特点则充分体现了词本身所具有的特点和个性，而这一部分特点的相反相对，正是形成反义词的根本依据。一组反义词中的每一个词的词汇意义，都是由这两部分本质特点共同构成的，同时也反映了它所对应的概念的内容。由此可见，两个甚至两个以上的词，不仅共同表示着上位概念的本质特点，同时又分别表示着各自的与对方形成对立关系的本质特点，这两者的总和，构成了反义词中各个词的相反相对的意义内容，这就是反义词的本质特征。反义词是依据上位概念的本质特点的共同性而进行聚合的，同时又是依据各自独具的本质特点的意义相反而形成对立的，所以对反义词的形成来说，词义中包含的两部分本质特点，都起着决定性的作用。这样的词，其意义界限分明，当然是不能够替换使用的。

反义词是客观现实中的矛盾对立关系在词汇中的反映，因此，只有反映了客观事物之间矛盾对立关系的词，才能形成反义词。所以语言中并不是所有的词都可以有反义词，如房子、书本、玻璃、天空等等就不易形成反义词。

一般说来，因为动词表示着不同的动作行为，形容词表示着不同的性质状态，而这些方面容易存在着矛盾对立的关系，所以在动词和形容词中出现的反义词就比较多。其次，名词中的反义词为数也是不少的。如：

天——地　　手——脚

左——右　　前——后

城市——乡村　　精神——物质

海洋——陆地　　朋友——敌人

客观现实中呈现出来的矛盾对立关系是复杂的，反映到语言词汇中，反义词之间的关系也是比较复杂的。如“失败”一词，在从事科学实验的语境中，它和“成功”形成了一对反义词，在进行战争的条件下，它又和“胜利”形成了一对反义词。语言中还有一些词，客观存在时，它们并无明显的对立关系，但是在特定的语境中，这些词却能形成为反义词。如“钢”和“铁”都各自表示了一种金属的名称，孤立地看，它们不是反义词，但是在“这里需要的是钢而不是铁”中，“钢”和“铁”就可成为一对反义词。所以形成反义词的情况也要根据不同的条件做具体分析。

## 二 反义词的类型

前面已讲，反义词是客观现实中矛盾对立关系在词汇中的反映。客观现实中的矛盾对立关系表现在逻辑思维中，就是概念之间的矛盾关系和反对关系。词义是表示概念的，因此，反义词在意义上的矛盾和对立，事实上，正是因为反义词表示了一对具有矛盾关系和反对关系的概念。从这个角度讲，我们说，概念间的矛盾关系和反对关系，就是反义词形成的逻辑基础，而这一逻辑基础，又是建立在客观事物矛盾对立的基础之上的。

根据反义词形成的不同的逻辑基础，可以把反义词分为两种类型。

### (一) 绝对反义词

绝对反义词是在概念间矛盾关系的基础上形成的反义词。它的特点是两个反义词所表示的概念之间，没有中间性的概念存在。表现在两个反义词的意义内容上是完全互相排斥的，无论肯定或否定哪一方，都可以否定或肯定另外的一方。因此，这类反义词在使用上，既可以正用，也可以反用，也就是说，无论先用哪一方都是可以的，无论先肯定或先否定哪一方也都是可以的。如“死”和“活”，因为这两者之间无中间的概念存在，所以在使用中，既可形成“死——活”的形式，也可形成“活——死”的形式。如果和否定词“不”等组成词组使用的话，既可以用“不死——不活”的反义形式，也可用“不活——不死”的反义形式。无论哪一种形式，它们表现在意义上都是矛盾对立的。以下的词例也是这种情况。如：

开——关　　动——静

精神——物质　　动物——植物

### (二) 相对反义词

相对反义词是在概念间反对关系的基础上形成的。它的特点是两个反义词所表示的概念之间，存在着第三个乃至更多的中间概念，因此表现在两个反义词的内容上并不是一定相反相对的，这种反义词只有在一定条件下才能形成。又因为它们在否定一方时，并不能肯定另一方，因此，在使用时，只能肯定运用，不能否定运用。如"黑"和"白"构成反义词时，因为两者之间还存在着第三者，乃至更多的概念，如"灰""深灰""浅灰"等，因此在使用时，只能运用"黑——白"或者"白——黑"的形式，而不能运用否定的形式。因为如果和否定词"不"等组成词组时，"不黑"和"不白"就不一定是反义的，甚至可以是同义的，都是指"灰"而言。因此，这类词在否定一方时，是不能肯定另一方的，"不黑"的对面不一定是"不白"也不一定是"白"，"不白"的对面也不一定是"不黑"或"黑"，所以这类反义词是不能反用的。对这类反义词在使用时要特别注意，应该结合具体的语境情况加以分析运用。

以上两种反义词虽然因逻辑基础的不同而有所区别，然而它们表现在对立统一的关系上则完全一样。一对反义词，无论是绝对的对立，还是相对的对立，它们在意义上都是互相依存的，都是处在对立统一的关系之中。因为只有有了矛盾对立的一方，才能有矛盾对立的另一方，如果没有矛盾对立的甲方，就不可能形成矛盾对立的乙方，就像没有"生"，就无所谓"死"，没有"祸"，也就没有"福"一样。因此，我们在观察和辨析反义词时，就应该明确，只有处在同一个统一体中（即最邻近的类概念中），表示着既矛盾对立又互相依存的关系的词，才是反义词。

在语言的动态交际中，也往往能够形成一些临时的反义词，这都是在具体语境中，适应某些交际的需求而形成的，这类现象中，有的也可能发展成语言成分，有的则只是临时性的应用而已。

此外，语言中存在的同义现象，和反义词也有一定的联系。反义词和同义词之间也往往出现某些复杂的交叉关系。如"开"和"关"是一对反义词，但“开”和“张开”“启开”是一组同义词，“关”和“闭”“合”等也是一组同义词，因此，在不同的语境中，“开”又有可能和“闭”“合”形成反义词，而“关”也可能和“张开”“启开”形成反义词。

## 第6节　同位词、类属词、亲属词

### 一　同位词

同位词就是表示一系列同位概念的词。例如：

金属——金、银、铜、铁、锡等等

颜色——红、黄、蓝、白、黑等等

四季——春、夏、秋、冬

四声——阴平、阳平、上声、去声

方位——东、西、南、北、前、后、左、右等等

同位概念就是在同一个类概念之下居于同等位置上的一系列并列的种概念，如在上例中，破折号之后的各组词就是表示着同位概念的同位词，而在破折号之前的“金属”等词所表示的就是它们的类概念。同位现象也可以形成一种类聚，表示这一类聚的词就叫做同位词。因为同位词都是属于同一个类概念之下的，所以一组同位词中的每一个词，都能够反映着它们所属的类概念的本质特点，也正因为它们在这一方面是相同的，所以才能够形成同位类聚；另外，同位词中的每一个词，它们又都具有其自身的具有区别性质的本质特点，并以此为根据，而形成了为自己所独有的表意内容，这一区别性的特点和内容使得同位词中的各个词相互之间鲜明地区分开来，并共同处于同等的位置上。所以，同位词所表示的概念和词汇意义，也是其类概念的本质特点和它自己所具有的本质特点的总和。从这一点上来看，

同位词和反义词几乎相同。但是同位词和反义词又决不一样，其区别就在于，反义词中各个词的区别性特点是完全相反的，因而它们共同形成的各个反义词的意义内容是相反相对的，而同位词中各个词的区别性特点却仅仅是相关的，因而它们共同形成的同位词中各个词的意义内容只是相互关联的，这就是区分同位词和反义词的根本依据。例如“春”“夏”“秋”“冬”就是一组同位词，它们的情况是：

词义的主要义素

| | | | |
|---|---|---|---|
| 春 | 季节 | 一年的第一季 | 指立春到立夏的三个月 |
| 夏 | 季节 | 一年的第二季 | 指立夏到立秋的三个月 |
| 秋 | 季节 | 一年的第三季 | 指立秋到立冬的三个月 |
| 冬 | 季节 | 一年的第四季 | 指立冬到立春的三个月 |

概念的本质特征

| | | | |
|---|---|---|---|
| 春 | 季节 | 立春到立夏的三个月 | 万物复苏期 |
| 夏 | 季节 | 立夏到立秋的三个月 | 生物生长期 |
| 秋 | 季节 | 立秋到立冬的三个月 | 庄稼成熟期 |
| 冬 | 季节 | 立冬到立春的三个月 | 一般植物和昆虫的冬眠期 |

从分析中可以看出，“春”“夏”“秋”“冬”各个词的词义义素和概念特征，第一项是四个词义都有的，也是它们同属于同一个语义场和同一个类概念范畴的特征，其他的两项却各不相同，而这些相异的义素和特征，自然就成了各个词义相互区别的根据。同位词词义之间的关系是平等并列的，在运用中它们也是不能相互代替的。

因此可以说，一组词中的各个词，共同反映的类概念的本质特点和分别反映的具有区别性的各自独具的本质特点，共同构成了同位词中各个词的意义内容，并形成了各个词之间相互关联的相关关系，这就是同位词的本质特征。

同位词中各个词之间的关系是相关性的，这一点无可置疑。不过在这里必须明确，我们这是从语言的静态角度来说明问题的。如果把同位词放到语言发展变化当中去观察，情况又是多种多样的。

在动态的言语应用中，同位词会根据语境的要求而发生类型的变化。如“金、银、铜、铁、锡”一组同位词，在静态存在中，各个词之间当然只是一种同位的关系。但是在进入动态应用中以后，情况则各不相同。如果是出现在“金、银、铜、铁、锡都是金属”的语境中，它们当然仍然是一组同位词，但是当它们中间的某两个词，同时出现在同一语境中，也可能发生类型上的变化。例如，如果出现在“金银财宝”这一语境中，那么“金”和“银”就形成了近义关系，如要出现在“他们要求是用金做的而不是用银做的”的语境中时，很明显，“金”和“银”就形成了相反相对的情况，成了反义关系。这种反义关系有时甚至会在某些更广的社会语境中出现，如“不能让社会的阅读领域中存在黄色的东西”，这句话中的“黄色”表示了“低级的不健康的”意思，在社会的思想领域中是和“红色的健康的”意思相对的。很明显，形成这一大语境中的对立现象，同位词素“红”和“黄”是起着绝对作用的。

同位词在动态应用中发生各种变化的情况是很平常的，在言语交际中，人们会经常遇到这种现象，而且也能够理解和接受这种语义的表达。更重要的是，人们还往往在不断使用这种语义变化的情况下，进一步提高了这些词如此运用的使用频率，使其逐渐被约定下来，形成为各种各样的反义词和反义词素，从而使它们由言语成分变成为语言成分，并进入到语言符号系统中去。如现在存在于语言中的许多反义词，像“上——下”“高——低”“太阳——月亮”“强大——弱小”等等；反义词素像“红（灯）——绿（灯）”“红（军）——白（军）”“左（倾）——右（倾）”“海（鱼）——河（鱼）”等等都是这样。

## 二　类属词

类属词就是表示概念中类属关系的词。例如：

树
- 松树
  - 红松
  - 马尾松
- 杨树
  - 银白杨
  - 毛白杨
  - 小叶杨

衣服
- 上衣
  - 衬衣
  - 汗衫
  - 外衣
- 裤子
  - 内裤
  - 短裤
  - 长裤

以上两组例子中可以出现许多组类属词，如：

树——松树——红松

树——松树——马尾松

树——杨树——银白杨

树——杨树——毛白杨

树——杨树——小叶杨

衣服——上衣——衬衣

衣服——上衣——汗衫

衣服——上衣——外衣

衣服——裤子——内裤

衣服——裤子——短裤

衣服——裤子——长裤

上述各组类属词都是大的类概念后面是它的种概念，而这一种概念又是后面一个词的类概念，这一串串的词都是以前者是后者的类概念，后者是前者的种概念的类属关系相聚在一起的；所以一组词中的各个词，其词汇意义及其概念对应性都是先后表示着概念之间的类属关系，这就是类属词的本质特征。类属词的形成是建立在客观事物及其概念的类属关系之上的，这也是词汇意义和概念之间密切联系的一种直接的反映。

## 三 亲属词

亲属词就是表示亲属关系的词。例如：

祖父、祖母、父亲、母亲、哥哥、弟弟、姐姐、妹妹、伯父、伯母、叔父、婶母、姑姑、姑父、堂兄、堂妹、姥爷、姥姥、舅舅、舅妈、姨妈、姨父、表哥、表妹……

语言中的亲属词是建立在社会上的各种亲属关系之上的，在不同民族的语言中，亲属词的系统各不相同，有的简单，有的复杂。汉语中的亲属词是非常丰富的，而且形成了一个亲属词系统，有不少人都对汉语的亲属词系统以及中外亲属词系统比较等问题进行了研究，做了许多有意义的工作。

观察亲属词的情况，其内部是由同位关系和类属关系两个方面形成的，所以在亲属词词汇意义及其概念对应性的内容中，有时可以表现为同位关系，有时又可以表现为类属关系，在动态应用中，甚至可以出现两种关系交叉的情况。

随着社会的发展和人们社会关系之间的一些变化，人们对亲属词的运用已开始逐渐外化，现在许多亲属词已经都在指称着非亲属关系了。以后随着汉族社会独生子女的增多，在亲属词的使用上肯定还会出现不同的变化，也肯定会影响到亲属词系统的变化和发展。

# 第六章

# 词义的演变及其规律

## 第1节　词义演变的类型

### 一　词的一个意义和一个词的意义问题

词是一种音义结合体，音义一经结合之后，就有相对的稳定性。但是语言又是不断发展的，作为语言的一种成分，词又具备着语言的发展变化性。所以词的音义结合情况，在相对稳定的同时，又是在渐变的过程中不断地演变和发展着。因此可以说，词义和其他的事物一样，其不变的静止的存在形式是相对的，而其不断变化着的动态的存在形式则是绝对的。

词义的发展演变和语言中其他的成分一样，也非常复杂，同时它更是非常丰富和活跃的。它既可以表现为共时的变化，又可以表现为历时的变化；既可以表现为历史的变化，也可以表现为临时的变化，而在这诸多的变化中，最初的变化又往往是从临时的、个别的、很细微的变化开始的。但是不论词义如何进行变化，首先能体现出这种变化的却总是表现在词的音义结合情况上，而且这些不同的变化情况，就逐渐地形成了词义的各种变化类型和规律。

由于语言中词的存在形式有单义词和多义词之分，因此，对一个单义词或者词的一个义项所表示的意义来说可以称为词义，但这都是词的一个意义，而且这时单义词的这一意义和一个词的意义是相一致的；对一个表示着多个义项、多个不同意义的多义词来说，同样也可以笼统地称为一个词的词义，但这时词义的内部却有了义项之分，因此词的一个意义只能和一个义项的意义相对应，而一个词的意义却是一个多义词中的所有义项的总和，所以这时的词的一个意义只是一个词的意义的一部分，只是一个义项而已，因而两者就是完全不同的。词义的这种情况表现在其演变发展上当然也各不相同，因此在谈论词义的演变时，就必须明确是在什么情况下、什么范围内来讨论问题的。同时不仅一定要而且也必然要把词的一个意义演变和一个词的意义的演变问题区分开来。

## 二 词义演变类型的具体分析

因为词的一个意义的演变情况和一个词的意义演变情况不同，所以在分析词义的演变类型时，也必须将两种情况分别进行讨论。

### （一）词的一个意义的演变情况

词的一个意义的演变情况大致可表现为以下四种类型。

第一种类型：词义的丰富和深化

词义的丰富和深化是在词的一个意义范围之内发生的变化和发展，它是指词的某一个意义在外延不变的情况下，在内涵方面发生了由简单到复杂，由肤浅到深刻，由不正确到正确的变化和发展。形成这种发展变化的原因，一般有两个方面：

一个方面是在客观事物基本不变的情况下，由于人们认识的发展，从而对客观事物的认识改变了，加深了，因此影响到词义的变化和发展。如：

水：过去理解为是一种无色无臭供饮用的液体，现在除原有的认识外，还进一步知道了它的合成成分是氢二氧一。

电：过去只理解为“阴阳激耀”，现在则知道了它是一种有电荷存在和电荷变化的现象；是一种很重要的能源，能广泛用于生产和生活的各个方面，以为社会服务。

鬼：过去理解为“人死曰鬼”，而且把“人死后变为鬼魂”的行为和“人死后变成的鬼魂”这一事物，都看成为真实的存在。现在则理解为，过去的人们认为“人死曰鬼”是一种迷信的不科学的说法。

鬼火：过去把这种在野地里燃烧的火和“鬼”联系起来，因而称为“鬼火”。现在则认识到这是“磷火”，是磷化氢燃烧时的火焰。因为人和动物的尸体腐烂时就分解出磷化氢来，并自动燃烧，所以夜间在野地里，有时就会看到这种白色带蓝绿色的磷火。

由以上例词中可以明显地看出，在人们认识发生了变化和发展时，会直接影响到词义的变化和发展，在这种情况下，有的词义内容比过去丰富充实了，有的则由错误变为正确了。

其他像“人”“石”“银”“上帝”“神仙”等等都是这样的情况。

词义丰富深化表现为另一个方面的情况是，客观事物本身有了变化和发展，从而使人们对它有了新的认识，并因此促成了词义的丰富和深化。如“运动”一词的一个义项，是表示“体育活动”的意思，随着体育活动的项目和方式的发展，体育活动的内容逐渐丰富和多样化起来，这种客观情况又直接影响到了“运动”一词的这一义项所表示的意义变得丰富充实起来。如现在我们对“要参加运动，锻炼身体”中“运动”的理解，就绝对不是几项单调的活动，而是包括了跑、跳、体操、武术、游泳等等各种各样的体育活动的内容。由此可见，客观事物本身的发展，也可以使词义的内容逐渐丰富深化起来。

第二种类型：词义的扩大

在谈词义的扩大时，应该先明确“什么是词义的扩大”问题。目前在一些著述中，谈到词义的扩大时，往往都是把词的一个意义的扩大和一个词的义项的增加都包括在内，而在这里，我则把它放在词的一个意义范围之内来讨论。作为语言学的术语，“词义的扩大”应该有一个明确的特定的指称内容和范围，但是到底应该如何界定呢，在这里我想从词义变化的表现形式和特点上做一些分析和说明。

我所以确定为，词义的扩大是指在词的一个意义范围之内表现出来的词义扩展的情况，是因为它是词义所指称的同类客观事物的范围由小变大的结果，也就是词的某个意义由原来表示种概念，扩展而成为表示类概念的变化和发展。词义扩大以后，原来词义所表示的内容就包括在扩大了的词义所指称的范围之内，也就是说，原来表示的种概念的意义则包括在扩大以后所表示的类概念的意义范围之内，扩大了的新义和原义形成了一种类属的关系。例如“嘴”，原指“鸟的嘴”，现在却是“口的通称”[①]，很明显，“口的通称”表示的是类概念，它可以概括一切动物的“嘴”，而原义“鸟的嘴”则成了它的种概念，并被包括在“口的通称”这一类概念的外延之中，新义与原义形成了类属的关系。

词义的扩大是词的一个意义的发展演变问题，所以，词义的扩大表现在词的这一意义范围之内，新义的形成就意味着旧义的消失，新旧义在同一个词的形式内是不能同时并存的。因此，某一个词一旦表示扩大了的词义之后，它孤立存在时，就不会再表示原来的意义了。这时，原来的旧义就会有另一种新的形式——词或词组——来表示。如“嘴”当它表示“口的通称”之后，原来的意义就用词组“鸟的嘴”来表示了，“江”的意义扩大为“江的通称”后，原义则用新词“长江”“扬子江”等来表示了。

不过，有一情况必须明确，词义扩大以后，原义虽然不再成为词

① 《现代汉语词典》(修订本)第1681页。“嘴”是多义词，这里用“口的通称”，是因为这一意义在发展中和“鸟的嘴”是相对应的义项。

的独立意义而被自由运用，但是因为词义扩大后，词的原义已包括在扩大了的意义之中，所以在具体的言语环境中，就完全可以用扩大了的词义来指称原义所指称的事物。现在仍以“嘴”为例，在“嘴的功能可以饮食……”一句中，很明显“嘴”表示的是扩大了的意义，即“口的通称”的意思；但是在“这只鸟很漂亮，绿色的羽毛、黄色的嘴……”一句中，“嘴”表示的显然是“鸟的嘴”的意义了。由此可见，某一词义在不同的具体语境中，是可以和它所指称范围之内的各种不同的具体事物相对应的，其中当然也包括和原义所指称的事物相对应，这是由词义的具体事物对应性的特征所决定的。但是必须明确：词义这种具体事物对应性和词的独立义项是完全不同的，词义扩大后的原义，虽然也可以通过词义的具体事物对应性被表现出来，但却不能作为一个独立的义项而存在。

当然，语言中也存在这样的现象，即词义扩大以后，原来的意义虽然不能作为词的独立义项而存在了，但是原义作为一个词的旧义被使用的情况，却可以保留在某些成语、复合词或惯用的语言形式中，有时为了人们便于了解词的古义，词典中还会把它作为一个义项排列出来。如《现代汉语词典》(修订本)对“江”“琴”等词的注释就是如此。

词义发展变化的现象是很微妙的，它可以由于各种不同的原因而表现出许多细微的差异，词义扩大的情况也不例外。所以在具备以上特点的情况下，词义的扩大又可概括为两种不同的情况。

一种是在客观事物不变的情况下，由于人们的认识和语言使用习惯的改变，从而影响到词义发生了扩大的演变。如“肉”，原义为“鸟兽之肉”，“人的肉”曰“肌”。段玉裁在《说文解字注》中说得明白：“人曰肌，鸟兽曰肉，此其分别也。”但是后来“肉”的词义扩大了。凡一切动物的肌肉皆称为“肉”[①]，“鸟兽之肉”包括在“肉”的意义范围

① 植物果实的可食部分有的也称为“肉”，如“果肉”“桂圆肉”等，但这是“肉”的另一个义项，不属于“动物肌肉”的范围之内。

之内,“肉”和“鸟兽之肉”在概念上形成了一种类概念和种概念的关系,“肉”孤立存在时,则不再表示“鸟兽之肉”的意义了。很明显,“肉”的词义演变是一种词义扩大的现象,只是这种变化完全是由于人们的认识和语言使用习惯的改变而造成的,因为“鸟兽之肉”“人之肉”以及“一切动物之肉”都是早已存在的客观事实,它们本身并未发生变化,只是因为人们在言语交际过程中,由于认识的变化和发展以致使这些客观事物的名称有了不同的改变,因而影响到词所表示的意义范围有所扩大罢了。这种现象在语言词汇中是比较多见的。下列各词都是这种类型的例子。

双(雙):原义是“两隻鸟”称“双(雙)”,扩大后的新义是“成对的”都称双。

皮:原义是指“兽的皮”,扩大后的新义则指“人或一切生物的皮”了。

睡:原义只有“坐着打瞌睡”称“睡”,扩大后的新义则成了“睡眠的通称”。

杂:原义是“五彩相会”称“杂”,扩大后的新义则指“多种多样的东西相混”了。

洗:原义只指“洗脚”,扩大后的新义则成了“洗涤的通称”。

红:原义只指“粉红”,扩大后的新义则成为“红色的通称”了。

灾:原义只指“自然发生的火灾”,即所谓“天火也”,扩大后的新义则可以泛指“一切的灾难”了。

牙:原义只指口腔后部的“槽牙”,扩大后的新义则成为“牙的通称”了。

词义扩大的另一种情况是:客观事物本身发展了,人们的认识也随之相应地改变了,从而影响到词义的扩大和发展。符合这种演变情况的词,往往都是原来指称某一种具体的事物,表示这一具体事物的概念，但是随着社会的发展，同类的事物出现了，甚至逐渐增多起来，人们为了对这些属于同类而又不相同的客观事物加以区别，就会用各种不同的新名称为它们命名，其中也包括了该词原来所指称的事物，这时，原词就会概括而成为指称这一类事物的总的名称了。与此同时，词义得到了扩大和发展。这也就是说，由于同类事物的出现和发展，同位关系的种概念出现了，增多了，词原来所指称的内容也成了诸多种概念中的一种，并获得了新的名称，而原词则演变成为指称类概念的词了，词指称的外延得到扩展，内涵也更为概括了，词义因而发生了扩大的演变。这类词义扩大的例子在语言中也是可以经常见到的。例如“灯”，原义是指“油灯”而言，但是后来由于各种“灯”的出现，“灯”原来所指称的事物就用“油灯”来表示了。同时，语言中也出现并且逐渐不断地出现着许多表示有关“灯”的各种同位概念的新词，如“汽灯”“电灯”“日光灯”“矿灯”等等。原来的词“灯”则成了各种“灯”的总称，成了表示这些“灯”所共同从属的类概念的词，“灯”的词义因此而扩大了。下列各词也是这种情况。如：

枪（鎗）：原义是指“古时一种尖头有柄的刺击兵器”，现在却成了“红缨枪”“手枪”“步枪”“机关枪”等等的通称。

炮（礮、砲）：原义是指“古时一种以机发石的攻城武器”，现在却成了“迫击炮”“榴弹炮”“高射炮”等等的通称。

琴：原义是指“一种狭长形的，琴面有七条弦的，用手弹奏的古乐器”，现在却成了“风琴”“钢琴”“提琴”“口琴”“电子琴”等等一类乐器的通称。

布：原义只指“麻布”而言，现在却成为用棉、麻等织成的一切布的通称了。

综上所述，我们可以看出，引起词义扩大的原因是不尽相同的。但就词义扩大的现象来说，却有一个共同的特点，那就是它们都是在词的一个意义范围之内发生的变化，都是一种由表种概念的词义进而成为表类概念的词义的演变和发展，词义扩大以后，原义就被包括在新义之内，不再作为该词的独立义项而存在了。一般说来，这时，词的原义都会有新的语言形式来表示。当然我们也不否认，有极个别的词，当词义扩大以后，词的新义和原义并未形成类概念和种概念的关系，而且在新义形成后，原义就逐渐失去它指称事物的作用而不复存在了，如“脸”就是如此。“脸”的原义只指“面部眼睛下面的部分”，扩大后的新义则指称“整个的面部”。而它的原义现在已不复存在了。

第三种类型：词义的缩小

词义的缩小也是在词的一个意义范围之内表现出来的变化情况。它的特点是，词义指称的外延由大变小了，然而在内涵方面却变得丰富起来。事实上这就是词的一个意义由表示类概念，变成为表示它的种概念的演变和发展。词义缩小以后，该词原来所表示的概念，则要有新的名称（词或词组）来表示，这新名称表示的意义和缩小后的词义也形成了类属的关系。如“金”一词，原义指“一切的金属”，原来词义发生了缩小的演变，成为专指“黄金”而言了，这时它的原义则由“金属”一词来表示，而且“金属”和“金”在表示的概念上形成了类概念和种概念的类属关系。以下各词也是这种情况。如：

瓦：原指“一切用土烧制成的器皿”，现在只指“用土烧制成的用来铺盖屋顶的建筑材料”。

臭：原义指“一切的气味”，现在专指“坏味”。

坟：原义可指“一切高大的土堆”，现在却专指“坟墓”。

禽：原为“飞禽走兽的总称”，现在只指“飞禽”。

子：原义包括着“儿子和女儿”，现在却只指称“儿子”一方。

丈人：原义是“老年男子的通称”，现在却专指“岳父”。

勾当：原义可以指“各种事情”，现在专指“坏事情”。

事故：原义也是指“各种事情”，现在专指“在生产上或工作上出现的意外的损失或灾祸”。

从以上词例中，可以说明词义缩小的一般情况。同时也可看出，不但词义可以出现缩小的演变，词素义也可出现缩小的演变。如“禽”“子”等，从现代汉语的情况看，它们已基本是词素义了。

词义缩小也是词义日益向精密发展的一种表现。这种情况多为原来的词义比较概括笼统，随着人们认识的不断深入，为了更细致地把客观事物区分开，人们就要不断地创制出许多新的词语来，在社会约定俗成中，原来用于泛指的词义，变成了用来特指某一事物时，就形成了词义的缩小。

词义缩小后，因为它指称的范围变小了，所以这些词的原义，除了还保留在某些原有的固定语言形式中以外，一般情况下，缩小了的词义都不能再用来指称该词原来所指称的事物了。

第四种类型：词义的转移

词义的转移也是在词的一个意义范围内表现出来的演变和发展。它的特点是：词义指称的范围发生了改变，也就是词义表示的概念发生了更换。在词的形式不变的情况下，词义所表示的新概念的外延和内涵，完全代替了原来的旧概念的外延和内涵。词义转移以后，该词就不再指称原来的旧事物，不再表示原来的旧概念了。如“走”，古时表示“跑”，现在则指称“行走”的意义，就是词义进行转移的情况。又如：

事：原指“官吏”，现指“事情”。

权：原指“秤锤”，现指“权利”。

钱：原指“一种农具”，现在则指“钱币”。

斤：原指“斧子一类的工具”，现在则指“十两为一斤，是重量单位”。

精：原指“上等的细米”，现在则指“经过提炼或挑选的”和“精华”“完美”等意义。

脚：原指“小腿”，现在则指“人或动物的腿的下端，接触地面支持身体的部分”。

行李：原指“两国往来的使者”，现在则指“出门时所带的包裹、箱子等”。

书记：原指“秘书”，现在则指“党团组织的负责人”。

词义转移的情况比较复杂，就现有情况来看，造成词义转移的主要原因，还是词的义项发展变化的结果。如“年”原为“谷熟”的意思，后来引申出新义为“年月的年”，在发展过程中，它的原义逐渐消失了，从而形成了“年”的词义转移的情况。其次，由于假借的原因，也可以造成词义的转移。如“密”原义是指称“一种山”，后假借为“精密”，后来在使用的过程中，“密”的原义消失了，假借义“精密”却被普遍使用起来，结果，形成了“密”的词义的转移。当然，现在“密”作为“精密”解的独立的词义已很少使用，它已逐渐转化为词素义了。

由以上四种类型的分析，可以得知，凡是在词的一个意义范围内出现的词义的演变和发展，它们都有一个共同的特点，那就是新义的产生就意味着旧义的消亡，所以在词义的深化、扩大、缩小和转移等变化中，只要在共时范围内，词义的这种变化完成之时，它们的新义和旧义就不能同时并存。如果新义和旧义仍然并存，就说明词的一个意义的演变过程还没有结束，那么这一词义的变化就是属于一个词的意义范围内的演变问题。所以可以说，从共时范围来看，在词的一个意义的变化中，呈现出新义与旧义不再同时并存，这是完成词义深化、扩大、缩小和转移的演变的重要标志。

**（二）一个词的意义的演变情况**

一个词的意义的演变情况，大致可表现为义项的增多和义项的减少两个类型。事实上，一个词的意义发展演变的情况更为复杂。因为在一个词的范围内，词义的变化既可表现为义项的增多和减少，又可表现为一个义项本身正在演变的过程，这就是说，在一个词的意义进行发展演变的同时，也可以包含着词的一个意义的动态变化问题。所以一个词的意义的变化又往往是和词的一个意义的变化交织在一起，两者同时进行着。

第一种类型：义项的增多

词的义项增多也是词义演变的规律之一，它是词义在一个词的范围内表现出来的变化情况，也就是指在一个词的范围内所表示的义项的增加和发展。词义是表示概念的，因此，词的义项增多就是表现为同一个词的形式所表示的概念的增加，从而影响到了该词新义的增多、丰富和发展。但是它的新义的出现，只是表明了它的新义项的增加，却不会妨碍原有义项的存在，更不会引起旧义在该词范围内的消亡。在词的义项增多的情况下，新旧义项在一个词的形式内完全可以同时并存，并且各自保持着自己的独立性。例如：

手：① 原义是指“人体上肢前端能拿东西的部分”。后来它又增加了 ②“拿着：人～一册”和 ③“擅长某种技能的人或做某种事的人：能～|拖拉机～”等义项。

（见《现代汉语词典》（修订本）1161 页。义项有删节）

从《现代汉语词典》（修订本）对“手”的注释中可以看出，“手”的几个意义完全是包括在一个词的形式之内的几个完全不同的义项，很明显，“手”的新义都是在“手”的原义基础上产生出来的，新义产生之后，原义仍然存在，新义和原义都在“手”这一词的形式之内同时并存，并且又都保持着自己的独立性，它们可以分别被人们自由运用。这些义项所表示的意义各不相同，每个意义都有自己的概念对应性和具体事物的对应性。它们出现的语言环境也各不相同，所以这些义项在任何情况下都不能混淆使用。

词的义项通过演变和增多以后，基本上可表现为两种不同的情形。一种是词的原义和新义并存，原义仍处于基本义的地位。在义项增多中，这种情况是大量存在的。例如：

讲：① 说：～故事。
② 解释；说明：这本书是～气象的。
③ 商量；商议：～价儿。

（见《现代汉语词典》（修订本）626页。义项有删节）

老：① 年纪大：～人｜～大爷。
② 老年人：扶～携幼。
③ 很久以前就存在的：～厂｜～根据地。
④ 陈旧：～机器｜房子太～了。
⑤ 原来的：～脾气｜～地方。

（见《现代汉语词典》（修订本）757页。义项有删节）

头：① 人身最上部或动物最前部长着口、鼻、眼等器官的部分。
② 指头发或所留头发的样式：梳～｜梳什么样的～。
③（～儿）物体的顶端或末梢：山～儿｜中间粗，两～儿细。
④（～儿）事情的起点或终点：提个～儿｜什么时候才走到～儿。

（见《现代汉语词典》（修订本）1270页。例子有改动，义项有删节）

舌头：① 辨别滋味、帮助咀嚼和发音的器官，在口腔底部，根部固定在口腔底上。
② 为侦讯敌情而活捉来的敌人。

（见《现代汉语词典》（修订本）1114页）

黑暗：① 没有光：山洞里一片～。
② 比喻社会腐败、政治反动。

（见《现代汉语词典》（修订本）514页）

以上各例词所包含的义项数目虽然不完全相同，但是它们却有一个明显的共同点，即它们的第一个义项都是原义，其他的义项都是在这一义项的基础上产生出来的。可是新义项的产生和存在并没有造成原义的消亡，相反，它们都共同存在于同一个词的意义范围之内，并且各自保持着自己的独立性，它们的原义都仍然以基本义的资格存在着。

义项增多后形成的另一种情况是：原义和新义虽然并存，但新义已成为基本义，原义却退居到了次要的地位。例如：

世：原义是"父子相继为一世"。

现在则是

① 人的一辈子：一生一～。

②有血统关系的人相传而成的辈分：第十～孙。

（见《现代汉语词典》(修订本)1151 页。义项有删节）

时：原义是指"季节"，即"称春夏秋冬为四时"。

现在则是

① 指比较长的一段时间：盛极一～。

② 规定的时候：按～上班。

③ 季节：四～。

（见《现代汉语词典》(修订本)1143 页。义项有删节）

就"世""时"的情况看，它们的原义显然已退居成为次要的义项了，可是它却仍然作为一个独立的义项存在着，新义和原义也是在同一个词的形式内同时并存，并且各自保持着自己的独立性。所以它们也是义项的增多。

第二种类型：义项的减少

义项的减少也是词义在一个词的范围内表现出来的演变和发展。和义项的增多相反，它是指在一个词表示的几个义项当中，有的义项从这个词的意义范围之内消失了。如"强"，《辞源》(1980 年的修订本，下同)中注释为：

强(qiáng)：

① 虫名。《说文》:“强,蚚也。从虫,弘声。”

② 壮健有力,与“弱”相对。

③ 强盛。《孟子·梁惠王上》:“晋国天下莫强焉。”

④ 胜过,优越。宋苏轼《经进东坡文集事略》二四《上神宗皇帝书》:“宣宗收燕赵,复河隍,力强于宪武矣;销兵而庞勋之乱起。”

⑤ 坚决。《战国策·齐一》:“七日,谢疾强辞。”

⑥ 有余,略多。唐杜甫《杜工部草堂诗笺》十八《春水生二绝之二》:“一夜水高二尺强,数日不可更禁当。”

⑦ 姓。《左传·庄十六年》有强鉏。

《现代汉语词典》(修订本)的注释则是:

强(qiáng):

① 力量大(跟“弱”相对):工作能力～。

② 感情或意志所要求达到的程度高;坚强:党性很～。

③ 使用强力;强迫:～渡|～占。

④ 优越;好(多用于比较):今年的庄稼比去年更～。

⑤ 接在分数或小数后面,表示略多于此数(跟“弱”相对):实际产量超过原定计划百分之十二～。

⑥ 姓。

当然,我们不能要求不同辞书的注释都绝对相同,但是比较两种辞书的注释,就会发现它们基本上是相同的,如《辞源》中所列的②项到⑦项,在《现代汉语词典》(修订本)中,都能或者基本能找到对应的义项,可是第①项表示的意义,现在却不再存在了。又如“喽啰”一词,《辞源》的注释为:

喽啰(lóuluó):

① 伶俐,机警。唐卢仝《玉川子集》一《寄男抱孙》诗:“喽

啰儿读书，何异摧枯朽。”

② 旧称占有固定地盘的强人部众。

③ 扰乱，喧噪。明刘基《诚意伯文集》十一《送人分题得鹤山》诗：“前飞乌鸢后驾鹅，啄腥争腐声喽啰。”

《现代汉语词典》(修订本)的注释为：

喽啰(lóuluó)：旧时称强盗的部下，现在多比喻反动派的仆从。

比较两种辞书的注释，就可知道，过去“喽啰”所表示的第①和第③两个义项，现在也已经消失了。

由以上两种演变类型的具体分析可以说明，词义在一个词的范围内的发展变化和在词的一个意义中的发展变化是完全不同的。很明显，无论义项的增多或者义项的减少，它们都只是义项的增减，但却决不影响其他义项的存在，新义项的产生决不会导致旧义项的消亡，新旧义项完全可以同时并存；另一方面，旧义项的消亡也不会引起原有的其他义项的改变；由此可见，在一个词的范围内，无论义项发生怎样的变化，它们的各个义项都能够各自保持着自己的独立性。这一点正是一个词的意义发展演变的不同类型所共同具有的性质和特征。

## 第 2 节　词义演变的规律

### 一　词义演变的类型与演变规律的形成

以上分析了词义演变的六种类型，事实上，作为类型来理解是根据它们的表现形式和结果来说的。但是这些类型绝不是突然显现的，它们都有一个演变的过程，并呈现出一定的规律来。就上面谈到的各个类型来看，它们之间就存在着许多复杂的联系和关系，并且形成了一种基本的模式和规律。总起来说，一个词的意义的演变，对词的一个意义的演变来说，前者往往是后者的一种演变过程，甚至可以说它们是形成词的一个意义发生变化的必要的方式和手段；而词的一个意义的演变，事实上又是一个词的意义进行演变的结果，义项的增多是其进行的阶段，而义项的减少则是其完成的阶段。可以说，整个的词义系统就是在这种错综复杂的关系中，按照词义演变发展的各种规律，不断地进行演变和发展着。

由于语言是渐变的，所以词义的演变一般也要经历一个相当长的时间和过程，并逐渐形成了一定的演变轨迹。现在我们可以从六种演变类型入手，对词义的演变轨迹做一下初步的剖析。

和语言中其他成分的发展变化一样，词义的演变开始往往都源于语言运用中的临时变化。人们在言语交际过程中，由于表达的需要，往往会创制一些新的语言成分。就词义来说，这种新创制的成分主要表现为两个方面。第一是创制新词以表示新义。第二是通过引申、比喻、借代、特指等方法，采用旧词产生新义项的形式以表示他义。这两种临时性的变化，一旦被大家承认并约定俗成下来，就会引起词义系统中的某些演变和发展。

创制新词表示新义，对词义系统的发展可以产生两个方面的影响。第一个方面是新义出现，充实和丰富了词义系统的内容，促成了旧类聚内容的增加和新类聚的产生，从而使词义系统得到发展。如许多表示新事物的词义都有这种作用。第二个方面是新义出现后，促使某些旧词义的指称范围和内容发生某种情况的变化。如“轿车”“面包车”“吉普车”“卡车”等等词义的出现，就必然要引起“汽车”一词的词义发生扩大情况的变化。又如“吃”一词，中古时期“吃”表示着“食”和“饮”两种意义；后来出现了新词“喝”，结果“喝”的词义就把

"吃"中的"饮"的意义分担了过来，从而使"吃"的词义发生了缩小的变化。由此可以看出，新义出现后涉及词义演变的第一个方面是对整个词义系统产生影响的问题，第二个方面则是对一个词的意义或词的一个意义产生影响的问题。因此，凡属第二个方面的影响而引起的词义演变情况，总要与前面分析的某种演变类型有关，而且它们的变化，开始总要首先表现为旧词中义项增加的情况。

采用旧词的形式以表他义，往往都来源于修辞，但是这种情况一旦被固定下来，首先也是表现为旧词的义项增加问题。如"包袱"一词原有两个义项，即"①包东西用的布。②用布包起来的包裹"。后来人们把"思想负担"比喻成"包袱"，而且被逐渐约定了下来，结果"包袱"一词又增加了"负担"的义项，从而形成了义项增多的变化。

以上分析可以说明，无论通过哪种方式产生新义，只要涉及词的一个意义或一个词的意义的变化时，都首先表现为义项的增多。因此可以认为，词义演变的六种类型中，除词义深化外，其他五种类型都不可缺少义项增多的发展演变阶段。

词义演变呈现为义项增多的情况之后，又会出现各种复杂的情形。

第一种，义项增多的演变结果，使得单义词变成了多义词，或者使原来的多义词义项更加丰富起来。这种情况在词义以后的发展过程中，较长时期地相对稳定了下来，从而促成了语言词汇中多义词的丰富和发展。如"错"，开始是"交错，错杂"的意思，后来又出现了"错误"义，结果，现在这两种意义都存在于"错"一词中，成了它的两个义项。这种情况下，义项增多真正作为一种词义演变的类型和结果，表现得最为明显。

第二种，义项增多之后，新义项与旧义项并存使用了一个阶段，后来两义之间的联系逐渐淡漠了，最后在同一个语音形式之下，义项产生了分化，各自独立成词。这种变化对原来的一个词的意义来说，就是义项减少的变化，对分化出来的新义项来说，则是词义分化造词。这种情况在汉语词汇的发展中也不乏其例，如“月亮”的“月”和“日月”的“月”，“一刻钟”的“刻”和“雕刻”的“刻”等都是这样分化而成的。这种分化的结果，不但呈现为词义的演变和发展，而且也由此产生了许多同音词。

第三种，义项增多之后，新旧义项在并存使用的过程中逐渐发生了变化。在两个相对应的新旧义项中，新义项逐渐变成了常用义，旧义项却逐渐缩小其使用频率，直至出现了最后消失的现象。旧义项的消失就表现为义项减少的演变结果，而义项减少的结果对相互对应的两个新旧义项来说，又完成了词义的扩大或缩小，或转移的变化。因此我们说，词义的扩大、缩小和转移的变化，开始于语言的临时变化并被约定俗成之后，它是经过了义项增多和义项减少两个阶段而后完成的。作为一个词的意义变化中的义项增多和义项减少，既是一种词义演变的结果，又是词的一个意义演变的过程，词的一个意义演变中的扩大、缩小和转移，都是通过义项增多，两义并用的演变过程之后，再通过义项减少来实现的。如“江”，《孟子·滕文公上》：“决汝汉，排淮泗，而注之江。”很显然，上例中的“江”是专有名词，表“长江”义。后来“江”又产生了新义项“江的通称”。如《世说新语·言语》：“将别，既自凄惘，叹曰：‘江山辽落，居然有万里之势。’”其中的“江”就是表“江的通称”义。在《书经·禹贡》中也有“江”作为专名义和通名义并存的例证。如“江汉朝宗于海”中的“江”就是专名，而“九江孔殷”中的“江”则是通名。后来在发展过程中，原有义项“长江”义渐渐消失，从而出现义项减少的变化，在义项减少的同时，后增义项“江的通称”取而代之，“江”最终完成词义扩大的演变。又如“臭”，《诗·大雅·文王》：“无声无臭。”《荀子·王霸》：“口欲綦味，鼻欲綦臭。”以上两例中的“臭”都是表“气味”义的。但是在先秦阶段，“臭”的“恶气味”义也已出现，如《庄子·知北游》：“其所美者为神奇，其所恶者为臭腐。”这里的“臭”就是表的“恶气味”义。可见这一时期，“臭”的两个义项是并存使用的。到汉代以后，“臭”的“恶气味”义项的使用频率逐渐增大，而表“气味”义项的使用频率却逐渐缩小，以至最后失掉作为独立义项的资格，“臭”一词的义项因此而发生了义项减少的变化。与此同时，“臭”的相互对应的两个义项完成了交替过程而形成为词义缩小的变化。词义转移的情况也是如此。如“兵”，《荀子·议兵》：“古之兵，戈、矛、弓、矢而已矣。”显然，这里的“兵”是“兵器”义。后来，“兵”出现了新的“士兵”义，并形成了义项增多的变化，而且在一个阶段之内，两义共同并存使用。如《孟子·梁惠王上》：“兵刃既接，弃甲曳兵而走。”《庄子·盗跖》：“勇悍果敢，聚众率兵。”很明显，上两例中，前一例的两个“兵”均为“兵器”义，后一例的“兵”则为“士兵”义。随着“兵”的词义的发展，两个义项的使用频率逐渐发生了变化，结果旧义最终不再独立使用而消失，“兵”的词义出现了义项减少的情况，而新旧两个对应的意义则完成了词义转移的演变。

上述情况可以充分说明，词义的扩大、缩小和转移的变化，都是在义项增多之后，新旧义先并存使用一个阶段，然后又经过义项的减少而完成的。同时，词义演变的几种类型之间的关系，通过这些具体的演变过程，也非常清楚地显示了出来。

## 二　多义词在词义演变中的作用

在词义演变过程中，可以清楚地看出，多义词的存在是有极为重要的作用的。因为义项增多在词义演变中是一种非常重要的不可缺少的类型，多义词的出现就是词的义项增多的结果，而多义词又正是义项增多这一演变类型存在的载体。

当多义词出现之后，它的义项并存的事实，就给词的一个意义的演变提供了一个非常实在和从容的过程，在这个过程中，人们可以根据社会的需要，任意而自然地运用各个义项的意义来进行交际，而且在这运用的过程中逐渐地约定俗成，其中有些意义的变化在这种使用中发展到一定程度时，多义词则会通过义项减少的手段将这种演变的结果固定下来，从而使词的一个意义的演变得以完成。由此可见，没有词义的义项增多和减少，没有多义词的存在，任何词义的演变过程都是很难进行的。观察词义演变的各种类型，除词义的丰富和深化外，词义演变的其他类型都是和词义的义项增多有着密切的联系，一个词只有当义项增多后，才能出现义项减少的变化。而词义的扩大、缩小和转移，又都是在义项增多和减少的演变中表现出来的。而在这整个的演变过程中，多义词却始终是一个不可缺少的成分。所以说，在词义演变的过程中，多义词是有着举足轻重的作用的。

以上主要就词义演变的轨迹问题分别做了一些分析和说明。事实上，词义演变的情况是非常复杂的，它往往呈现为几种情况相互交错的状态，并不都是单线条地发展。就词的一个意义来看，有时会出现扩大、缩小或转移的情况连续进行。如前面所举的“臭”，它在完成词义缩小的变化之前，就曾经进行过由“嗅”义到“气味”义的转移演变过程。有时词的一个意义在进行扩大、缩小、转移的同时，也伴随着词义深化的演变和发展。就一个词的意义来说，情况更为复杂。当一个词的意义进行义项或增加或减少的演变的同时，也必然会伴随着词的一个意义发生变化的情况。有时在一个词的范围内，相互变化的义项也不一定完全一一对应，一个旧义会同时出现几个不同的对应义项也是完全可能的。义项增多时会同时出现义项的减少，反之，义项减少时也可以同时出现义项的增多。由于各个词引起词义发生演变的条件不同，所以词义的演变方式尽管离不开以上所谈的六种类型，但各个词的演变情况却各不相同，如有的只发生义项的增多，有的却可以几种类型兼而有之等等。因此，要研究词义的演变发展情况，就必须对具体的词的演变情况分别做具体的分析和说明。

以上谈的都是词汇意义发展演变的情况。此外，词义的演变也可表现为色彩意义方面和语法意义方面。词的色彩意义有时是随着词汇意义的变化而发生变化的。如“乖”过去是“违背，不协调”的意思，具有中性和贬义的色彩；现在“乖”的词汇意义变为表示“伶俐、机警”的意思，因此，它也同时具有了褒义的色彩。又如像前面举过的“喽啰”，也是随着词汇意义的变化，由可以表示褒义色彩而变为完全表示贬义色彩了。有时在词汇意义不变的情况下，色彩意义也可以发生变化。如“老爷”一词，过去是用来“对官吏及有权势的人的称呼”，是个中性词，有时还能具有褒义的色彩。但现在人们再运用这个词来称呼某些人时，却有了讽刺和不满的意味，如“干部是人民的公仆，不是人民的老爷”。所以“老爷”一词在现代社会中也可具有贬义的色彩。其他像“少爷”“少奶奶”等词也是这种情况。与此相反，像“工人”“劳动”等本为中性词，但过去运用时却经常带有贬义的意味，而现在却经常具有褒义的意味了。色彩意义发生这种变化，是和社会制度的改变，以及人们的认识和道德标准的改变等方面分不开的。

词的语法意义的改变也和词汇意义方面的变化有着密切的联系，而且这种联系多是通过义项的增多来实现的。如“领导”一词原为“率领并引导朝一定方向前进”的意思，是动词，后来又增加了一个义项，表示“领导人”的意思，新义项则是名词了。又如上面举的“乖”一词，它的原义是形容词性的，后来“乖”也可以用于对“小孩”的爱称，显然，作为爱称用时，就是名词性的了。

在词义发展演变的过程中，词义的三个方面都会有所变化和发展，但是，从以上分析可以看出，词汇意义的演变和发展永远是词义发展的重要方面和主要的内容。

此外，词义的变化和发展的情况，还能够影响到更多的方面，如词义的变化使词与词之间的相互组合受到影响的问题，词义的改变影响到词义类聚的改变，甚至影响到整个词汇系统内部的调整等等。这些现象都是不可避免地相互联系着，并在相互影响中共同变化和发展。同时也不可否认，这一切都是整个语言系统发展中的一些重要的内容。对于这些问题的探讨，还有待于我们今后继续进行多角度、多层次的更加广泛深入的观察和剖析。

# 第七章

# 词汇的动态形式探索

## 第 1 节　词汇的动态存在形式

### 一　词汇是一个运动着的整体

词汇是一个运动着的整体，来源于语言本身就是一个运动着的整体。和所有的事物一样，语言也是永远在不断地运动着，并且永远在这不断的运动中变化和发展。语言在一般情况下，都具有两种存在形式，一种是相对静止的静态形式，一种是绝对运动着的动态形式。静态形式往往都是就共时平面中一个比较短暂的时段的情况来说的，因此它是暂时的相对的；动态形式则是就语言永恒的存在形式来说的，因此它是永久的绝对的。语言正是在这两种形式的不断相互作用和交替中，得到了不断的变化更新和发展。语言在共时动态变化中出现的新成分，会不断地被认可和巩固到一个个静态平面中来，一个个静态平面的情况根据时间的先后排列起来，又可以充分地说明整个语言系统都是在传承的基础上，不断地进行着历时的动态变化和发展。语言和它所有的成分，就是在这种静态和动态形式的相互作用下，永远地运动着和发展着。所以，从语言的总体来看，它永远是一个运动着的整体。

前面简单地谈了语言的静态和动态两种存在形式，事实上，语言的变化和发展表现在现实情况中，却绝不是如此简单，而是相当复杂的。概括地说，其复杂性主要表现在两个方面：第一，表现为语言的动态形式有历时的变化和共时的变化之分。历时的动态运动逐渐形成着语言发展的历史，如现代汉语的面貌和先秦时期汉语的面貌就不一样，这说明汉语从先秦时期到现代具有一个动态发展的过程；共时阶段则是就某一个横断面来说的，如现代汉语阶段、先秦汉语阶段等等。第二，表现为在共时的动态变化中，又存在着言语成分和语言成分之分，由于言语成分和语言成分之间也存在着一个动态变化的过程，所以，在一个相对时间的共时阶段中，也必然要存在着不断的动态运动过程，如在现代汉语阶段中，各种各样的动态运动和变化发展就从未间断过。这一切情况就形成了语言在运动变化中，其静态形式和动态形式相互间的既有联系又有区别的复杂性。

语言的整体现象是这样，语言中的各种成分的变化情况也是这样。因此，词汇作为语言中的一个组成部分，它的存在形式和发展的规律也一定会受到语言的存在形式和发展规律的制约，而且和语言的各种表现状况也是完全一致的。所以，语言词汇和语言的整体现象一样，也永远具有着静态和动态两种存在形式，也永远是一个复杂的运动着的整体。

由于语言词汇中各个组成部分的性质和特点有所不同，所以它们的运动发展情况也不完全一样。总的说来，基本词汇的发展比较缓慢，一般词汇的发展则比较活跃和迅速。但是尽管如此，它们作为语言词汇的一个组成部分，永远存在于词汇这一整体之中不断地运动和发展着，这一点却是可以完全肯定的。

## 二 形成词汇运动发展的原因

由于语言是一种社会现象，所以虽然语言和它的词汇都是运动着的，但是它们却不是和自然界的事物那样自生自灭，它们的一切都要受到社会的制约。当然对任何事物来说，其发展变化都有其自身的内部原因和规律，但是语言词汇的社会交际性和全民使用性，以及语言词汇通过人们的认识以反映客观世界中各种事物、现象以及关系等特点，就决定了它的运动发展和社会等方面有着密切的关系，而且形成了词汇发展的社会基础、认识基础和客观基础，所以从这一方面来看，词汇的发展虽然有其自身的内因，但是它的内因却与其外因有着极为密切的不可分割的联系。因此，要了解语言词汇运动和发展的原因和条件，还必须从社会和客观世界等各个方面谈起。

**（一）社会的发展促成词汇的发展**

语言随着社会的发展而发展，这一特点表现在词汇的发展上尤为明显。社会上的任何变化，任何新事物的出现，都会反映到词汇中来。如我国进入改革开放时期以来，社会上就出现了大量的新词，如"特区""合资""托福""待业""个体户""专业户""追星族""关系网"等等，近些年来社会上又出现了如"酷""作秀""上网""网址""网友""光盘""超市""上岗""下岗""B超""CT""纯净水""三维画""VCD""DVD"等大量的新词。许多过去已存在的词，如"承包""责任制"等，由于社会的交际需要，其使用频率也空前提高。这一切都足以说明社会发展对词汇发展的影响。同时也可以清楚地了解到词汇的发展和语言发展以及社会发展的关系，更可以说明，词汇越纷繁，语言也必然越发展，词汇的发展不但在某种程度上说明了语言的发展，而且也可以从许多方面反映着社会的发展。所以也可以说，语言词汇和社会是具有相互说明和印证的作用的，我们不但可以从社会的发展情况来了解语言，特别是它的词汇发展的情况，而且也可以从词汇的发展情况来了解社会发展的面貌。

就汉语词汇来说，它的面貌完全是随着汉族社会的进步和发展而不断地改变着。汉语中有些词是出现得很早的。如："网""毕（bì，一种打猎用的有长柄的网）""罗（捕鸟的网）""罩（捕鱼的笼子）""弓"

“矢”“弹”等都是捕捉鸟兽的工具；“逐(追逐)”“射(用矢射)”等都是射猎的方法，而“羊”“虎”“豖”“马”“鸟”“鱼”等都是鸟兽的名称，是捕捉的对象。也有一些词，如“特”，现在表示“特别”的意思，“骄”，现在表示“骄傲”的意思，事实上，它们最初都是牲畜的名称。“特”指称“公牛”，“骄”则指称“高六尺的马”。这类词出现较早的原因，很明显，应该是和我国早期社会中，人们从事渔猎和畜牧的生活内容分不开的。随着社会的发展，当社会生活以农业生产为主的时候，语言中也相应地出现了反映农业方面的词语。如“黍”“稻”“粱”“粟”等都表示农作物的名称，“耕”“耘”“种”“薅”等则表示耕作的方法，而“镰”“铲”“耒”“耜”等指称的都是农业生产工具的名称。汉语词汇中表示现代科学文化技术的词，大多数都是我国社会发展到近代和现代的时候才出现的。如“化学”“物理”“光学”“力学”“气流”“真空”“原子”“电子”“导弹”“激光”“电视”“化纤”“混纺”“空调”“计算机”“超声波”“电子表”“太阳能”“微波炉”等等。

很明显，只有社会上出现了“激光”“电视机”“尼龙绸”“空调机”等新事物的时候，语言中才能相应地出现表示该事物的新词。如果想在先秦时期的词汇中寻找现代的词语，是根本不可能的，这正是语言随社会发展而发展的社会本质所决定的。

社会间的相互接触是影响词汇发展的另一个方面。语言词汇中外来词和方言词的存在，就是这种影响的结果。不同国家和民族间的相互接触，促成语言的相互影响而产生新词，不同地域间的相互接触，又形成了方言词的相互吸收。

汉语词汇在历史发展中，受外语影响而产生的新词是很多的。有的是在外语词的声音影响下通过摹声法造出新词，有的是在外语词的意义影响下通过说明法造出新词。但是无论哪种情况，都是和社会间的相互接触分不开的。汉族人民很早就和其他民族有所交往，两汉以后，随着我国政治、经济和文化的发展，这种交往更频繁起来。这些情况反映到语言词汇上，就是大批外来词的产生。如“骆驼”“猩猩”“琵琶”“苜蓿”“葡萄”“八哥”“胭脂”“琉璃”“荽（芫荽）”以及“酥（酥酪）”等等，都是受匈奴和西域各语言的影响而产生的。又如“佛”“僧”“魔”“钵”“菩萨”“罗汉”“夜叉”“金刚”“忏悔”“现在”“未来”“因缘”“法门”“地狱”“信仰”等等，则是随着佛教的传入而产生的。汉族社会发展到近代和现代阶段，由于和外族社会的接触更加频繁，所以，汉语中的外来词更是不断地大量产生着。如“几何”“比重”“方程”“积分”“意识”“抽象”“范畴”“客观”“民主”“逻辑”“浪漫”“模特”“吉普”“坦克”“芭蕾舞”“喀秋莎”“巧克力”“VCD”“奥林匹克”等等。

一个社会内部各地域之间的相互来往，也是社会间相互接触的一个方面，普通话中对方言词的吸收，以及各方言间在词语方面的相互吸收，都是地域间相互接触的结果。

此外，社会的发展还表现在社会制度的变化和更替方面，而且这种变化和更替也能够促成语言词汇的发展。如当汉族处于奴隶社会的时候，汉语词汇中反映奴隶名称的词是很多的。例如“仆”是奴隶主家中男性的奴隶，“妾”则是奴隶主家中女性的奴隶，“臧”是一种拿着武器进行护卫的奴隶，“臣”原来也是指称一种男性奴隶，这种奴隶都是为奴隶主所信任的，所以是一种能替奴隶主管理其他奴隶的奴隶。其他像“隶”“宰”“奚”“舆”“台”等等当时也都是奴隶的名称。当汉族社会发展到封建社会时期，汉语中又相应地出现了许多反映封建社会制度和生活的词。如“皇帝”“宰相”“朝廷”“封建”“割据”“地主”“农奴”“农民”“地租”“行会”以及“状元”“秀才”等等。今天，我们再看一下汉语词汇的情况，就会发现反映社会主义制度的词语也已大量存在了。这些词语有的是在新中国成立后才产生的，有的虽然在过去就已经存在，但在新中国成立后才逐渐广泛地使用起来，如“土改”“公有制”“政协”“人代会”“党委”“市委”“总支”“劳保”“退休”

"离休""国营"以及"双百""四化""消协""钉子户""养老院"等等。

社会的发展是表现为多方面的,它对词汇发展的影响也是多方面的。因此,研究和了解词汇发展的时候,密切结合社会的发展来进行分析,的确是非常必要的。

**(二) 人们认识的发展**

在人类生活中,任何事物的发展,往往都是和人们的认识分不开的,词汇的发展也不例外。人们认识的发展可以从不同的方面促成词汇的发展。

在客观事物不变的情况下,由于认识的发展,人们可以对这些客观事物从不认识到认识,从而产生新词,促成词汇的发展。如"电子""中子""质子"以及一些抽象的词语"思维""认识""心灵""空间""规律""悲观""乐观""人生观"等。有的是人们的认识由肤浅到深入,从而促成了词义的发展。如前面曾举到的"水""电""鬼火"等。此外,认识的发展,还可使人们对客观事物的认识更加细致入微,并由此而促成同义词的发展。如"看""瞧""瞅""盯""瞪""瞄""瞥"等。

由于认识的变化和感情态度的变化,人们还可以重新给事物命名。如前面谈到的"八大员"的来历就是这种情况。新中国成立后,这样产生的新词很多。如"戏子——演员""邮差——邮递员""店小二——服务员""老妈子——保姆"等等都是生动的例证。

人们认识的发展促成词汇的发展表现的另一个方面,就是认识和思维能力的发展,可以促成科学研究的发展,进而促成新事物的产生,并从而产生新词。如"卫星""导弹""模压""塑料""无影灯""磁共振""电冰箱""计算机"等。现在随着计算机的应用和网络信息的发展,也产生了一大批新词和新义,这种现象也是对这一方面的有力说明。

**(三) 词汇系统内部的矛盾和调整**

词汇是一个集合体,在这个集合体的内部,由于新要素的出现和旧要素的消亡，必然会影响到各要素间相互关系的变化，并导致词汇系统内部产生许多的矛盾。这些矛盾的不断出现和不断解决，就促成了词汇的发展。如“江”原是“长江”的专称，后来成了“一切江的通称”之后，它原来所承担的指称任务，则由“长江”来代替了。又如“静”和“净”是一对同音词，为了避免交际中在意义上发生混淆，结果就出现了不同的双音词，与“静”有关的如“安静”“背静”“平静”“清静”“幽静”“宁静”等等。与“净”有关的则有“纯净”“洁净”“干净”“白净”“明净”等等。

词汇系统对等义词的现象，也是进行不断调整的。汉语词汇中对等义词调整的办法，有的是保留一个，另一个被淘汰下去。如“爱怜”和“怜爱”，“觉察”和“察觉”，“代替”和“替代”，“自行车”和“脚踏车”等，从现在情况来看，它们的前者都已保留了下来，后者都已不用或很少使用了。也有的等义词则出现了分化，使各个词都具备了各自的用途。如“事情”和“勾当”原是一对等义词，后来产生了分化，“勾当”多用来指称“坏事情”了，两个词因而变得不同起来。

语言词汇是一个完整的系统，词汇系统内部的矛盾和调整，有时会出现连锁反应的情况。如“爱人”一词，原义是“相爱而未婚的男女中的一方”，后来却变为指称“已婚的男女中的一方”，这时它的原义则出现了“朋友”的新义项和“对象”的新义项来代替，结果，“朋友”的新义项和“对象”的新义项又形成了等义词。词汇系统又继续对这组等义词进行调整。渐渐地，这两个词在色彩意义和用法上又出现了区别。从色彩意义看，“对象”的口语色彩比“朋友”要重，显得更通俗些；在用法上，有时两者不能在相同的语境中互换使用，如“那是他的对象”，可以说成“那是他的朋友”，但是“他在搞对象”却不能说成“他在搞朋友”。从当前情况看，“对象”的词义又在逐步发展，从原来只指称“未婚的一方”，已变为也可以指称“已婚的一方”了，和“朋友”的意义又不等同起来。“爱人”词义变化后的另一个方面，即出现了它的新义和语言中原来存在的“丈夫”“妻子”又形成了同义词。词汇系统仍然要继续进行调整，结果，这几个词在色彩意义上也出现了差别，比较起来“丈夫”“妻子”要比“爱人”更具有庄重和书面语色彩，而“爱人”在亲昵的感情色彩上则要显得更浓一些。目前社会上在这方面仍然不断地继续出现着新的词语，如年轻人中对“丈夫”的称呼，除“爱人”外又出现了感情色彩更加浓厚的“老公”，在老年人中则出现了相互都能使用的口语色彩和感情色彩更强的“老伴”等。

词汇系统内部的矛盾和调整是非常有趣的，它可以表现在多个不同的层面和方面，语言的词汇就是在这种矛盾和调整中不断地丰富和发展着。

## 第2节 词汇历时的动态运动形式

### 一 历时的动态运动形式与词汇发展史

词汇的历时动态运动情况是词汇发展变化的一个重要的不可缺少的方面。从一般状态来看，因为语言是运动着的，所以它永远是处在动态的状态之中；从整体情况来看，只有通过历时的运动情况，才能从各个不同时段的比较中，了解词汇运动着的各个方面呈现出来的轨迹，也才能看清楚词汇发展变化的历史面貌，虽然词汇和语言一样是渐变的，但是就是这样一个历时的渐变过程，逐渐形成着词汇运动发展的历史。由此可见，词汇动态的历时变化不仅能够使语言从过去到现在不间断的历史发展成为可能，而且更可以通过这种动态的运作，将无数个共时的情况连续起来，使其成为历时阶段中的一个个组成的部分。很明显，只有将无数个共时情况巩固下来，延续起来，形成为该语言词汇整个存在时期的历时的运动和发展，才能够说明词汇的历史存在，也才能形成为词汇的变化发展史。

## 二 汉语词汇动态运动历时情况的几个主要方面

汉语是世界上历史最悠久的语言之一，因此，汉语词汇在动态运动中的历时存在形式，形成了汉语的漫长而丰富的词汇发展史。对汉语词汇发展的全貌，我们在这里难以详细论述，下面仅就几个主要的方面做一下简要的说明。

### （一）新词的增加

前面已讲过，语言是随着社会的发展而发展的，在这发展的过程中，词汇又是最敏感的部分，因此，在历史的各个时期，以及人们生活的各个领域中，社会上的一切，都会在词汇中有所反映，这就促成了语言中新词的不断增加。从《尔雅》到现在的《辞海》（修订本），一直到近几年才完成的《汉语大词典》，从这些辞书的收词情况来看，《尔雅》收词只有 3600 条，《辞海》收词则有 91706 条，《汉语大词典》的收词则多达 375000 余条。尽管《尔雅》的收词数量可能不是当时社会语言词汇的全貌，但是从这几个悬殊很大的数字来看，也可以明显地知道，从古代汉语到现代汉语，汉语词汇是极大地丰富和发展了，词的数量已经成百倍地增多了起来。

促成新词增加的情况是多方面的。

因新事物的出现而增加新词。如“上岗”“上网”“彩电”“电脑”“软件”“盒饭”“助听器”“肯德基”等等。

旧事物改换新名称而增加新词。如过去的“薪水”现在称“工资”，过去的“邮差”现在称“邮递员”，过去的“戏子”现在称“演员”等等。

词义演变产生新词。如“河”的词义扩大后，它原来指称的事物则用新词“黄河”来表示，“走”的词义由“跑”转移为“行走”时，词汇系统中相应地就要出现新词“跑”加以补充，“金属”一词也是由于“金”的词义发生演变而产生出来的。

受外族语言影响而产生新词。受外语词语音形式的影响而产生的词，如“巴黎”“沙发”“苏维埃”“奥林匹克”等。受外语词所表示的概念的影响而产生的词，如“电话”“煤气”“扩音器”“连衣裙”等。

此外，从共同语的角度来说，吸收方言词也是增加了新词。如“搞”“垃圾”“名堂”“尴尬”等。同时，重新起用古语词，并改变它的意义，也属于增加新成分的现象。

**（二）双音词增多**

汉语词汇从过去到现在都有单音节词和多音节词之分，多音节的词中又以双音节词为主。不过在古汉语中，特别是先秦时期，词汇中的单音词是占多数的。如从《左传》的用词来看，它共用单音词2904个，复音词却只有788个。[①] 随着汉语的发展，词汇中的双音词逐渐增多起来。

由单音向双音发展，是汉语词汇发展的一种必然现象。因为随着社会的发展，交际的需求越来越纷繁复杂，需要表示的事物越多，有限的单音节的形式就必然会造成语言中同音词的大量出现，因而就会给人们的交际带来许多不便和困难，汉语词的双音化就是在这种需求下发展起来的。因此，双音词的大量出现，不但可以分辨和解决由单音节词形成的同音词问题，而且因为它表义细致准确，所以也有力地充实和丰富了汉语词汇，极大地提高了汉语的表现力量。

汉语中双音词的发展主要表现在两个方面。一个方面是原有的单音词，有许多逐渐为双音的形式所代替。有用重叠形式代替的，如“姑姑”“伯伯”“妹妹”“弟弟”等。有用同义联合的形式代替的，如“道路”“领导”“依靠”“丢失”等。有用另一种新形式代替的，如“目——眼睛”“耳——耳朵”“冠——帽子”“鹊——喜鹊”等。另一个方面是新产生的词多以双音节的形式为主。如“卫星”“扫描”“同步”“彩电”“空调”“波段”“巧干”“破格”“顶替”“失足”“劳军”“家教”等等。汉语

① 陈克炯：《左传词汇简论》，见《华中师院学报》1982年第1期。

中大量的新词，大都是以双音的形式出现的。

当前在现代汉语中，不但双音词大量增加，而且也出现了不少三音词和四音词等，不过，就现在情况看，双音词的数量仍然占着优势。

### （三）实词虚化现象的发展

汉语词汇中很早就有实词和虚词之分，同时也有词根词素和附加词素的区别。在词汇发展的过程中，汉语中的虚词和附加词素都有所发展。它们发展的途径，一是创制新的成分，一是实词的虚化。

实词虚化的现象主要表现为两个方面。一个方面是由实词类变为虚词类。这种变化多为实词在表示原来意义的同时，又增加了表示虚词意义的义项。如“因”原为“原因”“依循”的意思，后来又有了“因为”的意义，并充当连词使用。其他又如“的”“夫”“耳”“固”等也是这样。也有的词在发展过程中逐渐失去了实词的意义，只作为虚词使用了，如“然”“所”“而”“虽”等。

实词虚化的另一个方面是由可以充当词根词素的实词虚化成了附加词素。这种情况大多数都表现为充当附加词素的作用和原来的情况并存。如“了”原为“了结”的意思，是实词，它可以充当词根词素形成新词“了结”“了却”等。后来它虚化成为词尾词素，读为“·le”，附加在动词后面表示“完成体”的语法意义，如“看了”“做了”“睡了”等。其他像“着”（虚化后读“·zhe”）“过”等也是这样的情况。又如“头”是一个实词，表示“头颅”等实在的意义，后来它在充当实词的同时，又虚化成了后缀词素，具有表名词的语法作用，如“石头”“木头”“想头”“看头”“甜头”等等。其他像“子”（房子、袜子）“家”（孩子家、老人家）等也都是这样。也有少数的实词在发展过程中，逐渐失去了它原来的意义和作用，只能充当后缀词素了。如“然”（飘然、惨然、猛然、默然）“巴”（泥巴、哑巴、结巴、砸巴）等。

### （四）造词和构词方面的发展

分析汉语词的形成及其结构，就会发现在汉语发展的早期，运用音义任意结合法、摹声法等手段制造新词的情况是比较多的。现在仍然存在的许多历史悠久的单音词,如“山”“水”“日”“月”“鸟”“兽”“虫”“鱼”等等都是用音义任意结合法造成的,“猫”“鸦”“蛙”等都是用摹声法造成的。在词的构成方面,则表现为单音节词多,即使在双音词中,单纯词也比较多,如汉语中许多双声、叠韵的词产生得都是比较早的。在词素组合的方式上,则表现为联合式和偏正式的词比较多,动宾式的情况就很少,而补充式和主谓式则更为少见。这种情况在先秦汉语词汇中表现得是很清楚的。

汉语造词和构词的情况发展到今天,已有了很大的发展,不但造词的方法已多样化,而且构词的方式也更加丰富和精密了,如不但有了补充式、主谓式等构词方式,而且在各种方式中又区分出了各种不同的类型。这一切都充分说明了,汉语的造词法和构词法也是在不断地丰富和发展着。

### (五)同义词、近义词、多义词等各种词义类聚和抽象词语的发展

同义词的不断出现,多义词和抽象词语的不断增多,都是人们认识能力发展的结果,同时这些现象也标志着语言词汇的极大丰富和完善。汉语词汇在这方面的发展情况,有力地说明了汉语是世界上最丰富发达的语言之一。

汉语词汇中很早就存在着同义词和近义词现象,《尔雅》就是以同义近义类聚的方式来编写的。在汉语词汇发展的整个过程中,同义词近义词都是在不断地增加着,发展到现在,不但同义和近义词组的数量明显地丰富和发展了,而且它们所包含的词的数量也都不断地增多起来。这种情况从现在出版的各种《同义词词典》或《同义词辨析》中都可得到证明。

多义词的发展是语言词汇发展的必然趋势之一。汉语历史悠久,因此,多义词极为丰富,许多产生年代较早的词,特别是单音词,

绝大多数都是多义的。此外，像反义词、同位词等各种不同的词义类聚也都不同程度地逐渐增加了起来。

抽象词语的发展不但取决于人们认识的发展，而且和社会科学文化的发展也是分不开的。人们丰富的想象和具体的科学实践，都可以促使抽象词语的产生。汉族人民在漫长的历史发展过程中，不但创造了社会的文明，而且也创制了大量的抽象词语。如“灵魂”“神韵”“幽灵”“精神”“思维”“思想”“感情”“意识”“抽象”“概括”“规律”“观念”“价值”“修养”“世界观”“人生观”等等。

**（六）词义的发展**

词义的发展是词汇发展中一个重要的方面，词义的发展可以从很多方面促成整个词汇系统的变化和发展。汉语词汇中词义发展的情况非常丰富纷繁，具体内容第六章中已讲，这里不再赘述。

**（七）旧要素的消亡**

语言词汇的发展和变化，不但表现为新要素的不断增加，同时也表现在旧要素的不断消亡上。旧要素的消亡都是就一个共时现象而言的，当存在于以往共时平面中的成分，在以后的共时阶段中消失了，即可视为旧要素的消亡。旧要素的消亡一般有以下几个方面。

1. 旧词的消亡

引起旧词消亡的原因是多方面的，因此，旧词消亡的情况也各不相同。大致有以下几种情形。

旧事物的消亡引起旧词的消亡。如“皇帝”“状元”“巡抚”“乡试”“八股文”“丫鬟”“书童”“童养媳”“巡捕”“租界”“保长”等。这类词语一般被称为历史词语，在任何共时阶段，当人们讲述过去的事情时，它们仍然会被继续运用着。

事物名称的改变引起旧词的消亡。如“眼”“眼睛”代替了“目”，“鞋”代替了“履”，“观看”代替了“观”，“兴趣”“兴建”代替了“兴”，“害怕”代替了“惧”，“睡觉”代替了“寝”，“医生”代替了“医工”，“工资”代替了“薪水”,“演员”代替了“戏子”等。

社会发展和交际需求的改变引起了旧词的消亡。例如,当汉族社会生活中,畜牧业生产还占有重要地位的时候,人们对牲畜的名称是非常注意的,汉语词汇中以前表示“牛”的名称就多种多样,如“牯(gǔ,母牛)”“特(tè,公牛)”“犉(rún,黄毛黑唇的牛)”“犕(bèi,二岁的牛)”“犙(sān,三岁的牛)”“牭(sì,四岁的牛)”等等。后来随着畜牧业在人们生活中的地位和作用的减弱,这些名称逐渐简化和概括,于是各种各样的牛,渐渐地都用“牛”一词来指称了,原来的词则逐渐消亡了下去。个别的词如“特”虽然现在还被应用着,但它的意义已完全改变了。其他像“豝(bā,母猪、大猪、两年的猪)”“豚(tún,小猪)”“騋(lái,高七尺的马)”“駥(róng,高八尺的马)”“駣(táo,三岁的马)”“髦(máo,长毛的马)”等,后来也逐渐被“豕”“猪”“马”等词所代替,以后“豕”在发展过程中也逐渐消亡了。

词汇系统的调整与规范引起旧词的消亡。如许多等义词的发展情况就是这样,一对等义词调整规范的结果,多数是一个被保留,另一个被逐渐淘汰下去而消亡了。此外,许多带有外语色彩的词,也往往会在规范和约定俗成中逐渐消亡下去。如现在通用“电话”“煤气”,像“德律风”“瓦斯”等已被淘汰不用了;现在都习惯用“扩音器”“连衣裙”“青霉素”等,而“麦克风”“布拉吉”“盘尼西林”等词现在也已经不用或很少使用了,从发展情况看,这些词也将会逐渐消亡下去。

2. 义项的消亡

义项的消亡也是旧要素消亡的内容之一。如“牺牲”一词的原始义是指“古代祭祀用的牲畜”,“权”最早是“黄华木”的意思,后来又表示“秤锤”的意思,但是今天在现代汉语中,这些义项也已经消亡了。

3. 词素的消亡

词素是组词的成分,它有词根词素和附加词素之分,这两类词素在发展过程中也都存在着消亡的现象。

就词根词素看，它往往是随着旧词的消亡而消亡的。如“旄”一词，过去有三个义项：①古代旗的一种，缀牦牛尾于杆头，下有五彩析羽。用以指挥或开道。②古代旗的通称。③表彰。人们曾用“旄”的这些义项充当词素义创造过新词，如“旄旗”“旄麾”“旄表”等。然而现在“旄”已作为古语词不再为人们使用了，因此，在一般情况下，它也不再用来充当词素创制新词了。

附加词素的消亡情况，如古代汉语中的前缀词素“有”（组成的词如“有夏”“有商”），后缀词素“尔”（组成的词如“率尔”“卓尔”）等，后来也不再被使用了。

词汇中旧要素的消亡是一种正常的现象。和语言中其他要素的演变一样，词汇中旧要素的消亡，只是意味着这种词汇成分在人们的日常运用中消失了，但是它却仍然存在于汉语词汇的总体之中。有的成分虽然不能作为词继续被运用了，但却可以充当词素仍被运用着，如“观”“兴”“彩”“习”等就是这样。也有的成分作为消亡了的古语词保留在语言词汇之中，但在某些特定的场合，它们仍然可以发挥自己特有的作用，如对文言词的运用就是这种情况。此外，这些消亡了的语言成分，还可以为人们的语言研究提供宝贵的资料。由此可见，这些消亡了的成分，虽然现在不再为人们的交际服务了，但它们仍然是语言词汇中的宝贵财富，所以我们对这些成分应该正确地认识和对待。

汉语词汇的发展纷繁复杂，通过这些纷繁复杂的现象，我们可以看到，在新质要素不断增加，旧质要素不断消亡的情况下，还体现出了两种根本不同的发展趋势。一种趋势是由简趋繁，如多义词、同义词等的发展就是这样；另一种趋势则是由繁趋简，如牲畜名称的概括和简化、等义词的淘汰等就是这样。因此，我们在认识和分析词汇的发展时，不能只看到由简趋繁的一面，也应该同时注意由繁趋简的发展现象。只有这样，才能更好地认识、更正确地理解词汇的发展。

# 第3节 词汇共时的动态运动形式

## 一 共时的动态运动形式存在的必然性和必要性

词汇的共时动态运动形式是词汇整体运动形式的基础。它的存在不仅是必然的，而且也是必要的，它在体现了词汇的渐变性和可描写性的同时，又充分地体现着词汇的动态运动的绝对性。词汇的共时动态运动形式虽然是客观地存在着，而人们越来越重视对共时动态情况的研究却有其一定的原因。这是因为一方面，由于语言是渐变的，所以在其动态的渐变过程中，就可以将某一个时段进行相对的静态的描写；另一方面，就词汇整个的发展过程来说，也可以根据其发展情况，人为地做某些阶段的划分，如"元明清阶段""现代阶段""当代阶段"等等。因此就出现了共时的研究问题。在共时阶段中，我们观察词汇的动态运动变化将会更加细致和具体。不过在这里必须明确，共时阶段和静态形式决不是相对应的，更不是等同的。就一个共时阶段来讲，词汇的静态形式和动态形式永远都同时共存于其中，它们都是从不同的角度说明了词汇的存在、运动和发展。词汇的共时静态形式不仅说明了词汇符号系统的内容，而且也说明了它作为交际工具的实际存在，而这种静态形式的动态化，则使这种交际工具具有了实现其交际功能的可能。因此应该认为，在词汇的整体运动形式中，词汇的静态形式是存在于语言符号系统之中，为实现交际行为，完成交际目的而提供可能和基础的部分；词汇的动态运动形式则是在言语交际中具体体现了交际功能，实现了交际作用，传递了交际信息，达到了交际目的的部分。没有静态存在形式为交际行为提供必要的交际元素，就不可能形成交际行为，没有这种动态的交际行为，语言元素的交际作用也无从实现，新的语言元素也无从产生。因此，在共时阶段中，词汇的动态运动更多的是表现为言语成分的产生，以及言语成分和语言成分的相互转化上，并在这种相互转化中体现出它在共时运动中的阶段性的变化和发展，而这种变化发展又会进而促进整体语言词汇的变化和发展。所以，词汇的静态和动态的存在形式是词汇整体运动的两个方面，它们相互依存，相互完善，共同实现着语言词汇的交际功能，满足着社会的交际需要，这一点，在共时阶段中表现得尤为明显。

共时阶段中，词汇动态运动的内容是非常丰富的，其动态变化主要表现在两个方面。第一方面，当人们在语言成分的基础上组成言语以进行交际时，这些语言成分即开始由静态的语言成分逐渐变成为具体语境中的言语成分，有的可能是词义的具体事物对应性造成的，也有的可能是人们运用词语的主观性所决定的。但是不管原因如何，这些动态的言语成分和静态的语言成分相比，总会表现出某些动态的变化和不同。第二方面，在具体的语境中，人们又会根据交际的需要，在原有语言材料的基础上，创造出一些新的成分来。这两个方面尽管不同，但是它们却都是词汇在人们的言语行为中进行动态运动的结果，而且它们开始时都是一种具有临时性的言语成分，这些临时性的言语成分大部分往往都是只存在于它出现的具体语境中，只为当时的言语行为所运用，脱离开这具体的语境和言语行为，这种成分将不复存在。不过这些临时性的成分中，也有一部分将会为人们在相同的语境中反复使用，结果使这些成分逐渐由言语成分变成了语言成分，最后终于进入到静态的词汇系统中去，并被历时的变化巩固下来，成为语言词汇历史发展的一部分。

以上情况足以说明，词汇发展的共时阶段中，永远存在着一个由静态的语言成分的被运用，结果产生出了动态的言语行为，从而产生出了言语成分，部分言语成分又会被约定为语言成分等这样一个循环往复的运动过程，在这一过程中，虽然也有旧成分的消亡，然而新成分的增加却永远占着绝对的优势，语言词汇以及语言的其他成分，就是在这样一种不断的循环往复中得到了不断的发展。

以上情况也足以说明，词汇发展的共时阶段，是词汇动态运动和发展的一个很基础的阶段，它的存在是词汇发展的需要，它的出现也是社会交际对语言要求的必然。正是由于有了一个个不断连续着的共时阶段，才使历时的运动发展有了依据和可能，所以没有共时的运动阶段就没有发展的基础，没有历时的运动阶段，共时情况就没有被固定的方式和过程，也就无法说明词汇的历史存在，也就形成不了词汇的发展史。

根据以上分析，我们可以看到，词汇和语言以及语言的其他方面一样，它在共时阶段是通过语言成分和言语成分的不断交替进行运动的，从整体来说，它又是通过历时运动和共时运动的相互作用进行发展的。因此我们说，语言词汇作为一个整体性的存在，永远是在不断地运动着和发展着。

## 二　共时的动态运动形式表现的基本情况

词汇的动态运动形式在共时阶段中的表现是很复杂的，有时它可以表现得很清楚，很明显，有时又可以表现得很细微，甚至很模糊，因此更需要认真地观察和辨析。分析现代汉语的共时动态变化情况，大致可表现为以下几个方面。

### （一）在原有语言材料的基础上创制新成分

人们在交际中，根据需要以原有的语言材料为基础，创制出新的词和语，甚至进一步形成为新的词素，这是可以经常见到的现象。有的新词语一经出现，就会为人们所接受，并会被大家反复使用，最后为社会约定俗成，转化为语言成分。与此同时，某些新的词素也会被相应地约定下来。如新词“打的”中的词素“的”就被大家接受了下来，并开始参与了新词的组合，如“面的”“轿的”等等。当然有些新出现的成分也会不为社会所接受，出现不久或者经过短时间的使用后，即以言语成分的性质被逐渐淘汰下去。在词汇发展的历史过程中，历代的新成分都是这样产生、发展和变化的。

### （二）词的语音形式言语化

每一个社会都有其共同语，每一种共同语都有其标准的语音形式，但是在语言运用中成为言语的时候，每个人的语音都会带有其生理的和主观的个人特点，例如一个说普通话的人和一个说过渡语的人，他们的语音形式就各有特点，这说明这些在言语交际中的语音已经言语化。言语化了的语音形式有的可以非常标准，无异于语言成分；有的则会具有程度不同的差异，这种言语化的成分一般来说都是临时性的，一旦脱离开交际环境将不再存在。值得注意的是有时某些言语化了的语音成分也能够逐渐社会化，当它一旦社会化了的时候，就会引起语言成分的改变。如“呆”的读音，现在已经由“ái”变为“dāi”就是如此。又如“特务”一词，意义是“军队中指担任警卫通讯运输等特殊任务的”，其读音为“tè wù”，后来随着它意义的引申，语音也逐渐改变成了“tè · wu”，成为指称“经过特殊训练，从事刺探情报，颠覆破坏等活动的人”了。社会上也因而产生出了一个新的词来。显然这时的言语成分肯定已转化成语言成分了。

### （三）词义的动态变化与发展

在言语交际中，词义是一个相当活跃的部分。纵观词义在言语中的动态变化情况，基本可呈现为四个方面。

第一，由于人们各自的条件不同，使语言成分的意义带上了明显的主观因素，最突出的是表现在相互间使用的不完全概念的不一致上，其次则是表现在为了交际需要而有意进行的某些改变上。

第二，由于词义的具体事物对应性，使语言成分的意义在具体的语境中，变成了有具体所指的更为明确的言语意义，这种变化往往都会使词义的指称外延缩小而内涵却更加丰富。

第三，在具体语境中，语言成分的词义由原义而变为他指，这种情况的意义只有依靠语境的帮助，才能够使对方领会。人们一般都把这种意义称作深层义，对这种意义的理解往往都要经过一个会意的过程。

第四，新义项的增加。在言语交际中，由于某些引申和联想，从而会在词的原义的基础上产生出某些新义来，现在社会上，这种现象是大量存在的。如“包装”一词，原来有两个义项，一是指“在商品外面用纸包裹或把商品装进纸盒、瓶子等”，二是指“包装商品的东西，如纸盒、瓶子等”；但是现在社会上又出现了一个新的用法，即“用各种宣传等手段把一个人吹捧起来”也可以称为“包装”。又如“病毒”一词原来的语言义是医学上指“一种比病菌更小，多用电子显微镜才能看见的病原体”，现在人们却把“电脑中某些具有干扰和破坏性的东西”也称作“病毒”，以上两个新义，从目前的情况看，由于其使用范围之广，使用频率之高，已经被历时的变化固定下来，由言语成分转化成为语言成分了。

词义的四个方面的动态变化中，前三种一般都是临时性的，它们除了极大地活跃了言语交际之外，绝大部分都不可能转化为语言成分。只有新义增加的情况比较特殊，它的大部分内容，都会随着多义词的发展而不断地被巩固下来，不仅变成了语言成分，而且在词义的动态变化中，起着积极的不可或缺的作用。

**（四）词的活用与逻辑上的超常搭配**

词在言语应用中，必然要涉及词与词的组合问题，因此也必然会影响到词的语法性质方面的改变问题。词的动态应用涉及的语法问题主要表现在以下两个方面。

第一，词的组合规律发生了改变。如一般情况下，副词和名词是不能进行搭配的，但是当前社会上经常出现副词和名词搭配使用的现象,如表演艺术家凌峰的妻子在谈到凌峰时,曾说过这样一段话,她说:"我有时觉得他很台湾,有时觉得他很内地,有时觉得他既不台湾也不内地,有时又觉得他既台湾又内地,如果凌峰身上完全是台湾的思维,我是不会接受的,……"(见报),这段话出现了许多副词和名词"台湾""内地"相搭配的情况,虽然从表意方面来看,这里的名词"台湾"和"内地"都已有了某种程度的改变,但是人们在应用这种言语搭配时,却都是不但能够接受,而且也完全能够理解所要表达的意思。这类情况还有像"很青春""很德国"等等(均见电视广播),社会上的人们如此运用的也不乏其例。

在这样搭配使用的同时,我们也应该注意到,这样运用的结果,也往往会进一步引起词义的变化,如前面的"台湾""内地"等词,事实上已经不再是单纯地表示事物的名称,而是开始表示着一种为本事物所有的思维方式、生活习俗等等的性质内容了。

第二,逻辑意义方面的超常搭配。现在社会上在进行词的组合时,在词的逻辑意义方面进行超常搭配的情况也是经常可见的。如"一切都是灰色的,灰色的树,灰色的房,灰色的人群,……似乎灰色要将一切都挤进大地中去。"这里的"灰色"和"挤进"的搭配就是明显的言语化的活用,在这具体语境中,"灰色"已被赋予了可以发出"挤进"动作的形象。其他像"温暖洒满人间"中的"温暖"和"洒"的搭配,"从钢琴中不断蹦出的杂乱无章的音符……"中的"音符"和"蹦"的搭配,以及"精致古老的建筑到处都流淌着中华民族博大精深的文化底蕴"中的"建筑"和"流淌"的搭配,"流淌"和"文化底蕴"的搭配等(例均见报),也都是这种情况。同时,从这些逻辑意义的超常搭配中,我们也可以看到,当词的词汇意义在动态应用中出现活用变化的时候,它的语法意义甚至色彩意义也会随之发生不同的变化。

以上两种现象的出现,都是语言成分在共时的动态运动中言语化了的结果。其中有的现象也可能在社会约定俗成之后转变成为语言成分，但是这样的言语化成分大部分都是一种临时应用的性质，是不可能都完全转变为语言成分的。不过，虽然这些现象是属于临时性的，但是它们在言语应用中却有着非常积极和重要的作用，词汇共时的动态运动形成了它们的存在，而它们的存在不仅可以在某些方面促成词汇的发展，而且更是极大地丰富了语言词汇在表达上的鲜明、活泼和生动性，明显地加强了语言词汇的表意效果。

以上着重阐述了词汇的存在形式问题。和其他的语言成分一样，在词汇整体的存在形式中，又有着“静态”和“动态”、“共时”和“历时”的区分，以及这四者的联系和关系，这就可以说明在共时平面中不仅有静态形式的存在，也有动态形式的存在，在共时运动中，不仅包含了静态的语言成分，同时也包含着动态的言语成分，不仅包含着共时中各种语言成分的变化和发展，同时又说明了在共时中也存在着短时期的历时性的动态变化发展和新语言成分的形成。而历时动态则相当于语言的各个历史时期的共时层面的叠加。由此也可得知，对词汇学的研究范围来说，就应该是不仅包含了以往所说的语言和言语，而且也必须包括着共时和历时的词汇研究中的所有内容。只有这样，我们才能从宏观上全面掌握研究词汇的理论与方法，从微观上才能对词汇的任何细微变化，都能观察得细致严密和透彻，因此也才能使词汇学的研究更加广阔和深入。

## 第 4 节 词汇的动态运动形式与词汇规范

### 一 关于词汇规范问题

众所周知，词汇的规范就是在约定俗成的制约下，顺应语言词汇自身发展的规律，人为地对词汇的各个方面制定出具有社会成员能认可性和可接受性的标准，以此对词汇进行规范。对于当前大家都认可的词汇规范的“必要性”“普遍性”和“明确性”等原则，事实上也都是和社会成员的能认可性和可接受性的标准相一致的。

因为词汇存在于社会生活的各个领域，同时也涉及社会成员运用词汇的各个方面，因此，词汇规范的范围非常广泛和复杂，而且也必然要涉及词汇的各个方面。这表现为：首先，要进行词汇规范，从宏观上讲，它必须涉及词的声音形式——语音，词的书写形式——文字，词的意义内容——词义，词的组合规则——语法，以及词的运用情况——语用等各个方面，因此词汇规范问题必须兼顾语音规范、文字规范以及语法规范等等方面的规范标准和原则；其次，从微观上讲，它不仅要对新词、方言词、外来词、古语词等等的运用和取舍问题做出规范的标准，而且对每个个体词的语音形式、意义内容、书写形式以及其应用和发展变化的规则等各个方面的标准形式也应做出规范性的规定。

进行词汇规范可呈现为两种情况：一种是硬性式的规范，人名、地名、机关名称等一般都属于这种情况。如一个人的名字，以及省、市、县、街道等等的名称，一旦被确定和公布下来，人们就不能随意改变成其他的形式，甚至包括其书写符号的形式和规则等；例如过去的“国家教育委员会”，简称为“教委”，现在改称为“教育部”，那么现在来说，后者就是规范性的，这都是硬性式的。因为这种带有法定性的对名称的规定就决定了这就是一种规范的用法，而且一般是不能随便改动的。另一种是顺应式的规范，对大多数的词语来说，都是第二种情况，也就是说，确定这种词语的规范模式必须顺应社会的约定俗成情况和人们对词语的应用习惯，人为地硬性规定是行不通的，如“大哥大”和“手机”，“邮码”和“邮编”两对词，它们曾在同一时段内，同时存在于人们的言语之中，甚至“大哥大”的使用率曾经大于“手机”，但是经过一定时间的动态应用之后，“手机”和“邮编”却被认可了下来，并可以被确定为规范的模式了，在这种情况下，如果人为地规定哪一个一定是规范的是行不通的，可见这种规范必须以顺应的方式来进行。而且这一规范工作，也必须紧紧结合词汇的动态运动情况来进行细致的观察和分析，才能做出正确的结论来。

## 二 词汇的动态运动状况是词汇规范工作的中心视点

前面已经谈到，词汇有静态和动态两种存在形式，但是词汇的静态形式是相对的，只有动态形式才是绝对的，所以词汇永远都是在动态运动中变化和发展着。因此，词汇的规范工作也必须随着词汇的动态变化和发展来进行，词汇的规范标准也必须随着这种变化和发展的情况而不断地进行阶段性的改变。

词汇的动态运动形式有共时的和历时的两种情况。词汇规范和词汇的共时动态情况则更为密切。

在词汇的共时状态中，应该说，静态的词汇系统都是作为一种已经被规范了的交际工具而存在着，只有当这种工具被人们运用，进入到动态形式中去的时候，其中某些成分才会出现分歧。然而作为交际工具的词汇，它又无时无刻不在被运用着，通过这种应用，才使得共时的词汇运动充满了蓬勃的生气，并促成了词汇的不断发展。在这共时的动态运动中，大量的新成分如新词、新义、新用法等等产生了，大量的方言词、外来词以及古语词等等会被人们运用起来，部分旧的成分消亡了，但有的已经消亡了的旧成分又可能重新被起用而复现出来，这些旧成分有的会以原来的面貌出现，有的也会以改变某种意义来出现。各种情况纷繁多样，与此同时，许多不规范的成分也就应运而生了。这时词汇规范工作就必须紧紧跟上，也就是说要密切地注意这些变化情况，跟踪调查，人为地去依据词汇自身的发展规律和约定俗成的原则，去粗取精，去伪存真，把人们需要的和普遍接受的成分约定和巩固下来，并输送到静态的词汇系统中去。所以说，当规范的成分被输送到静态系统中去的时候，已经是词汇规范工作的最后一步了。当然对整个词汇的发展来说，这最后的一步是极为重要的，因为正是这一步，不仅记录了当代时段共时状态中静态系统的状况，而且也展现和说明了词汇在当代时段发展变化的面貌。

词汇在共时运动中的轨迹往往是这样的。首先，一个新的个体成分的出现一般都呈现为个别的临时的状态，随着它的应用，又会出现各种不同的情况，有的可能只是昙花一现，再也没有踪影，有的在小的范围内使用后又很快消失了，有的其使用范围则逐渐扩大开来，甚至有的还可能是在使用中几种形式并存，很明显，在这些状况下，这诸多新成分都只能是言语成分。我们的词汇规范工作，面对词汇动态运动中的情况，首先就应该全面地掌握这些变化着的材料，把那些有生命力的、使用频率相对较高的、可能会发展和进入到语言系统中去的新成分突出出来，应该说，这些内容就是我们词汇规范工作重点研究的对象。在这些应该着重注意的内容中，词汇发展变化的各种现象都会在这一范围中显现，如出现新词、新义、新读音、新用法，以至于词义的各种变化和发展，旧词的消亡和复现等等。面临这些现象，确定哪些，淘汰哪些，规范工作者就应该根据词汇发展的自身规律和约定俗成的原则，做出新的选择和规范标准，并且用固定下来的形式，把这些符合规范标准的成分，由言语成分转变为语言成分，并及时输送到语言词汇的静态系统中去。由此可见，词汇规范工作和词汇的动态运动形式结合起来进行研究不仅是可能的，而且是完全必要的，对词汇在动态运动中变化发展的研究永远都应该作为词汇规范工作的中心视点。

在这里需要说明的是，词汇的共时动态形式也是立体的包含着一定时段的历时因素在内的，它也会跨越着一段时间，也有一定的发展过程，如汉语词汇在改革开放时期的共时动态形式，其运动的过程今天来说就已经跨越了三十余年的时间，虽然对个体成分来说，它们经历的时间长短并不尽相同，但它们都会经历一个过程却是必然的，所以词汇规范工作中也必然有一个通过时间段的应用进行观察和整理的过程。一个语言成分的形成，必须要经历产生、试用、约定和推广以及最后被固定为语言成分等几个不同的阶段，有的甚至还有反复，虽然每个成分在各个阶段上的表现有长有短，不尽一致，但是对每个新成分来说，这几个阶段却是不会缺少的。因此，词汇规范工作完全有时间进行观察和整理。这种情况同时也可说明，词汇规范的大量工作是应该做在词汇动态变化的范围之中，至于最后确定规范标准，从而将言语成分转变成为语言成分，那将是规范工作的最后结尾了。虽然这最后的一部分工作是极为重要的和必不可少的。

## 三　词汇规范工作中的几个问题

词汇规范工作是一件非常细致和繁杂的工作，所谓细致就是要求我们必须注意跟踪每一个词，甚至某个词的某个方面发生的变化，所谓繁杂就是要求我们必须注意词汇的各个方面，甚至这各个方面相互之间的联系和关系。要把这“细致”和“繁杂”协调好，应该先注意以下几个问题。

### （一）注意词的运用范围问题

在社会的言语交际中，由于运用词语进行交际的人们，他们的年龄、文化水平、生活环境等等条件都各不相同，又由于在交际场合、交际目的等方面也会存在着差异，所以人们在交际中用词的方式和习惯都是不一样的，在这些被运用的词语中，就有必要区分出来，哪些是全民都要使用的，哪些只是一部分人使用的，也就是说，哪些词是具有全民普遍使用性的，哪些词却只是属于行业语或者是社会的阶层用语、集团用语性质。因为只有确定了词的存在范围和性质，才能对它的使用状况，特别是它的使用率大小有准确的把握。如一个行业词在该行业中的使用频率可能是很高的，是应该被视为可规范的词，但是把它放在全民的使用范围中来统计，它的使用频率和它在本行业中的情况可能就很不一致了。因此进行词汇规范时，注意词的使用范围是非常必要的，而且确定其为语言成分时也要针对不同情况、不同范围进行分别对待和处理。

**（二）加强规范工作的科学性**

如何确定规范的模式和标准，如何把规范词形式准确地确定下来，这是规范工作中最重要的问题，过去人们在进行调查时，往往要用凭借语感的方法来解决问题。现在我们则可以借助于计算机的应用，进行广泛的语料统计，以词频统计为基础，制订出的规范标准应该是更科学更准确的。但是要力求达到准确科学的要求，还必须做大量的人为的工作。用计算机进行词频统计是一项非常复杂细致的工作，首先，我们必须要有正确的语料选择，才能保证产生出正确的统计结果；其次，这种统计必须多层次、多角度、多范围地来进行，因为词语在运用中的分布是不一样的，而且各种不同文体对词语的应用和要求也各不相同，所以也不能简单从事。

**（三）做好规范模式的确定工作**

词汇规范标准的最好体现者就是词典，所以一本好的词典就是词汇规范标准的典范。词典都是共时阶段的产物，任何一部词典，不论它的内容是历代性的还是断代性的，它都是产生在某个时代之中的，一本好的词典不仅能反映着词汇发展的面貌，而且也应该具备着鲜明的规范性和时代特点。被规范了的成分进入词典是一件非常严肃的事情，被词典收录的词，不仅说明了这个成分已经是规范的成分，而且说明了这个成分的性质已经发生了从言语成分到语言成分的转变，它已经成为词汇共时静态系统中的一个成员。目前社会上出现的部分词典，其词条的性质往往是模糊的，既有语言成分，也有言语成分，这样兼收并蓄的情况对语言词汇的规范问题是极为不利的，如果想要兼收并蓄的话，应该对各个成分的性质加以说明才是。

# 参考文献

## 一、著作类

### （一）有关词汇学部分

[汉]许 慎《说文解字》,1963 中华书局重印
[晋]郭璞注、[宋]邢昺疏《尔雅注疏》,[清]阮元校刻本《十三经注疏》,1980 中华书局重印
[清]段玉裁注《说文解字注》,1981 上海古籍出版社重印
[汉]扬 雄《方言》,[清]钱绎撰集《方言笺疏》,1984 上海古籍出版社重印
[汉]刘 熙《释名》,[清]王先谦撰集《释名疏证补》,1984 上海古籍出版社重印
孙常叙 1956《汉语词汇》,吉林人民出版社
崔复爰 1957《现代汉语词义讲话》,山东人民出版社
崔复爰 1957《现代汉语构词法例解》,山东人民出版社
陆志韦 1957《汉语的构词法》,北京科学出版社
张 静 1957《词汇教学讲话》,湖北人民出版社
高名凯、刘正埮 1958《现代汉语外来词研究》,文字改革出版社
王 力 1958《汉语史稿》(下册),科学出版社
王 勤、武占坤 1959《现代汉语词汇》,湖南人民出版社
周祖谟 1959《汉语词汇讲话》,人民教育出版社
孙玄常、陈 方 1965《多义词、同义词、反义词》,北京出版社
马国凡 1973《成语》,内蒙古人民出版社
李行健、刘叔新 1975《词语的知识和运用》,天津人民出版社
马国凡、高歌东 1979《歇后语》,内蒙古人民出版社
何九盈、蒋绍愚 1980《古汉语词汇讲话》,北京出版社
洪心衡 1980《汉语词法句法阐要》,吉林人民出版社
王 勤 1980《谚语歇后语概论》,湖南人民出版社
武占坤、马国凡 1980《谚语》,内蒙古人民出版社
任学良 1981《汉语造词法》,中国社会科学出版社
张寿康 1981《构词法和构形法》,湖北人民出版社

朱　星 1981《汉语词义简析》,湖北人民出版社
高文达、王立廷 1982《词汇知识》,山东教育出版社
马国凡、高歌东 1982《惯用语》,内蒙古人民出版社
孙良明 1982《词义和释义》,湖北人民出版社
向光忠 1982《成语概说》,湖北人民出版社
谢文庆 1982《同义词》,湖北人民出版社
张永言 1982《词汇学简论》,华中工学院出版社
王德春 1983《词汇学研究》,山东教育出版社
武占坤 1983《词汇》,上海教育出版社
武占坤、王　勤 1983《现代汉语词汇概要》,内蒙古人民出版社
徐　青 1983《词汇漫谈》,浙江人民出版社
刘叔新 1984《词汇学和词典学问题研究》,天津人民出版社
符淮青 1985《现代汉语词汇》,北京大学出版社
郭良夫 1985《词汇》,商务印书馆
郭在贻 1985《训诂丛稿》,上海古籍出版社
〔加拿大〕G.隆多 1985《术语学概论》(刘刚、刘健译),科学出版社
贾彦德 1986《语义学导论》,北京大学出版社
王　瑛 1986《诗词曲语辞例释》,中华书局
苏宝荣、宋永培 1987《古汉语词义简论》,河北教育出版社
赵克勤 1987《古汉语词汇概要》,浙江教育出版社
〔英〕杰弗里·利奇 1987《语义学》(李瑞华等译),上海外语教育出版社
李行健 1988《词语学习与使用述要》,吉林文史出版社
谢文庆 1988《反义词》,湖北教育出版社
蒋绍愚 1989《古汉语词汇纲要》,北京大学出版社
潘允中 1989《汉语词汇史概要》,上海古籍出版社
史存直 1989《汉语词汇史纲要》,华东师范大学出版社
孙维张 1989《汉语熟语学》,吉林教育出版社
周光庆 1989《古汉语词汇学简论》,华中师范大学出版社
郭良夫 1990《词汇与词典》,商务印书馆
刘叔新 1990《汉语描写词汇学》,商务印书馆
徐烈炯 1990《语义学》,语文出版社
史有为 1991《异文化的使者——外来词》,吉林教育出版社
周　荐 1991《同义词语的研究》,天津人民出版社

贾彦德 1992《汉语语义学》,北京大学出版社
刘叔新、周　荐 1992《同义词语和反义词语》,商务印书馆
苏新春 1992《汉语词义学》,广东教育出版社
许威汉 1992《汉语词汇学引论》,商务印书馆
石安石 1993《语义论》,商务印书馆
王　力 1993《汉语词汇史》,商务印书馆
陈光磊 1994《汉语词法论》,上海学林出版社
高守纲 1994《古代汉语词义通论》,语文出版社
梁晓虹 1994《佛教词语的构造与汉语词汇的发展》,北京语言学院出版社
石安石 1994《语义研究》,语文出版社
张志毅、张庆云 1994《词和词典》,中国广播电视出版社
周　荐 1994《词语的意义和结构》,天津古籍出版社
常敬宇 1995《汉语词汇与文化》,北京大学出版社
《词汇学新研究》编辑组 1995《词汇学新研究——首届全国现代汉语词汇学术讨论会选集》,语文出版社
黎良军 1995《汉语词汇语义学论稿》,广西师范大学出版社
陈立中 1996《阴阳五行与汉语词汇学》,岳麓书社
符淮青 1996《词义的分析和描写》,语文出版社
符淮青 1996《汉语词汇学史》,安徽教育出版社
杨　琳 1996《汉语词汇与华夏文化》,语文出版社
周殿龙、李长仁 1996《汉语词汇学史》,中国华侨出版社
徐国庆 1999《现代汉语词汇系统论》,北京大学出版社
史有为 2000《汉语外来词》,商务印书馆
苏宝荣 2000《词义研究与辞书释义》,商务印书馆
苏宝荣 2000《〈说文解字〉今注》,陕西人民出版社
张绍麒 2000《汉语流俗词源研究》,语文出版社
王吉辉 2001《现代汉语缩略词语研究》,天津人民出版社
张志毅、张庆云 2001《词汇语义学》,商务印书馆
宗廷虎 2003《宗廷虎修辞论集》,吉林教育出版社

(二)其他

吕叔湘、朱德熙 1951《语法修辞讲话》,开明书店
王　力 1951《中国语法纲要》,开明书店

〔苏〕斯大林 1953《马克思主义与语言学问题》(李立三等译),人民出版社
陈望道 1954《修辞学发凡》,新文艺出版社
王 力 1954《中国现代语法》,中华书局
王 力 1954《中国语法理论》,中华书局
〔苏〕契科巴娃 1954《语言学概论》,高等教育出版社
胡 附、文 炼 1955《现代汉语语法探索》,新知识出版社
吕叔湘 1955《汉语语法论文集》,科学出版社
王 力 1955《汉语讲话》,文化教育出版社
〔苏〕维诺格拉多夫、库兹明 1955《逻辑学》,人民教育出版社
岑麒祥 1956《语法理论基本知识》,时代出版社
张志公 1956《汉语语法常识》,新知识出版社
〔苏〕布达哥夫 1956《语言学概论》(吕同仑、高晶斋、周黎扬译),时代出版社
岑麒祥 1957《普通语言学》,科学出版社
高名凯 1957《汉语语法论》,科学出版社
高名凯 1957《普通语言学》,新知识出版社
吕叔湘 1957《中国文法要略》,商务印书馆
张環一 1957《修辞概要》(修订本),新知识出版社
王立达编译 1959《汉语研究小史》,商务印书馆
张志公主编 1959《汉语知识》,人民教育出版社
胡裕树 1962《现代汉语》,上海教育出版社
高名凯 1963《语言论》,科学出版社
高名凯、石安石 1963《语言学概论》,中华书局
上海教育出版社编 1963《语言和言语问题讨论集》,上海教育出版社
张 弓 1963《现代汉语修辞学》,河北教育出版社
〔苏〕高尔斯基 1963《语言与思维》(熊尧祥等译),三联书店
王 力主编 1962—1964《古代汉语》(上下共四分册),中华书局
陈望道 1978《文法简论》,上海教育出版社
蔡尚思 1979《中国文化史要略》,湖南人民出版社
陈宗明 1979《现代汉语逻辑初探》,生活·读书·新知三联书店
郭绍虞 1979《汉语语法修辞新探》,商务印书馆
黄伯荣、廖序东 1979《现代汉语》(上、下册),甘肃人民出版社,1991 修订版高等教育出版社

金岳霖 1979《形式逻辑简明读本》,中国青年出版社
吕叔湘 1979《汉语语法分析问题》,商务印书馆
殷焕先 1979《反切释要》,山东人民出版社
〔波兰〕沙夫 1979《语义学引论》,商务印书馆
陆宗达 1980《训诂简论》,北京出版社
吕叔湘 1980《语文常谈》,生活·读书·新知三联书店
史存直 1980《语法三论》,上海教育出版社
周大璞 1980《训诂学要略》,湖北人民出版社
〔瑞士〕索绪尔 1980《普通语言学教程》(高名凯等译),商务印书馆
岑麒祥 1981《历史比较语言学讲话》,湖北人民出版社
王 力 1981《中国语言学史》,山西人民出版社
叶蜚声、徐通锵 1981《语言学纲要》,北京大学出版社
殷焕先 1981《汉字三论》,齐鲁书社
郭锡良、唐作藩、何九盈、蒋绍愚、田瑞娟 1981—1983《古代汉语》(上、中、下三册),北京出版社
胡明扬等 1982《词典学概论》,中国人民大学出版社
朱德熙 1982《语法讲义》,商务印书馆
岑麒祥 1983《语言学学习与研究》,中州书画出版社
陈 原 1983《社会语言学》,学林出版社
陆宗达、王 宁 1983《训诂方法论》,中国社会科学出版社
吕叔湘 1983《吕叔湘语文论集》,商务印书馆
赵世开 1983《现代语言学》,知识出版社
洪 诚 1984《训诂学》,江苏古籍出版社
刘 伶、黄智显、陈秀珠主编 1984《语言学概要》,北京师范大学出版社
齐佩瑢 1984《训诂学概论》,中华书局
陈松岑 1985《社会语言学导论》,北京大学出版社
洪成玉 1985《古汉语词义分析》,天津人民出版社
〔美〕爱德华·萨丕尔 1985《语言论》(陆卓元译),商务印书馆
刘焕辉 1986《言语交际学》,江西教育出版社
伍铁平 1986《语言与思维关系新探》,上海教育出版社
戴志远、邵培仁、龚 伟 1988《传播学原理与应用》,兰州大学出版社
〔美〕迈克尔·葛里高利、苏珊·卡洛尔 1988《语言和情景》,语文出版社
罗常培 1989《语言与文化》,语文出版社

殷焕先 1990《殷焕先语言论集》,山东大学出版社
袁　晖、宗廷虎主编 1990《汉语修辞学史》,安徽教育出版社
岑麒祥 1992《国外语言学论文选译》,语文出版社
王占馥 1993《语境学导论》,内蒙古大学出版社
《庆祝文集》编委会 1994《庆祝殷焕先先生执教五十周年论文集》,山东大学出版社
戴昭明 1996《文化语言学导论》,语文出版社
刘文义 1996《语境学》,河北人民出版社
李行健 1997《语文学习新论》,陕西人民教育出版社
王　宁 1997《训诂学原理》,中国国际广播出版社
宗廷虎 2003《宗廷虎修辞论集》,吉林教育出版社

二、辞书类

张　相 1953《诗词曲语词汇释》(上、下册),中华书局
符定一 1954《联绵字典》全四册,中华书局
杨树达 1954《词诠》,中华书局
北京大学中文系 1958《汉语成语小词典》,中华书局
〔清〕张玉书、陈廷敬等 1958《康熙字典》,中华书局影印本
甘肃师范大学《汉语成语词典》编写组 1978《汉语成语词典》(1986年出增订本),上海教育出版社
吕叔湘 1978《文言虚字》,上海教育出版社
王　力主编 1979《古汉语常用字字典》,商务印书馆
中国社会科学院语言研究所词典编辑室 1978—2002《现代汉语词典》各版,商务印书馆
商务印书馆编辑部 1979—1983《辞源》(一至四册),商务印书馆
辞海编辑委员会 1980《辞海》(缩印本),上海辞书出版社
吕叔湘主编 1980《现代汉语八百词》,商务印书馆
张志毅 1981《简明同义词典》,上海辞书出版社
中华书局编辑部 1981《中华大字典》,中华书局
北京大学中文系 1982《现代汉语虚词例释》,商务印书馆
傅光岭、陈章焕主编 1982《常用构词词典》,中国人民大学出版社
王　力 1982《同源字典》,商务印书馆
朱起凤 1982《辞通》,上海古籍出版社

胡朴安 1983《俗语典》,上海书店
《逻辑学辞典》编委会 1983《逻辑学小辞典》,吉林人民出版社
梅家驹、竺一鸣、高蕴琦、殷鸿翔 1983《同义词词林》,上海辞书出版社
邱崇丙 1983《俗语五千条》,陕西人民出版社
佟慧君 1983《常用同素反序词辨析》,湖南人民出版社
《文言常用多义词解释手册》编写组 1983《文言常用多义词解释手册》,内蒙古教育出版社
中华书局编辑部 1983《实用大字典》,中华书局
杭州大学中文系《古书典故辞典》编写组 1984《古书典故辞典》,江西人民出版社
刘正埮、高名凯等 1984《汉语外来词词典》,上海辞书出版社
王安节 1984《简明类语词典》,黑龙江人民出版社
温端正等 1984《歇后语词典》,北京出版社
杨升初 1984《现代汉语逆序词目》,四川人民出版社
程湘清主编 1985《古汉语实词释辨》,山东教育出版社
李一华、吕德申 1985《汉语成语词典》,四川辞书出版社
龙潜庵编著 1985《宋元语言词典》,上海辞书出版社
吕才桢、白玉昆、白　林 1985《现代汉语难词词典》,延边教育出版社
史　东 1985《简明古汉语词典》,云南人民出版社
王今铮、王　钢等 1985《简明语言学词典》,内蒙古人民出版社
王理嘉、侯学超 1985《分类成语词典》,广东人民出版社
北京语言学院语言教学研究所 1986《现代汉语频率词典》,北京语言学院出版社
钟嘉陵 1986《现代汉语缩略语词典》,齐鲁书社
罗竹风主编 1986—1993《汉语大词典》(一至十二册),汉语大词典出版社
林杏光、菲　白 1987《简明汉语类义词典》,商务印书馆
刘叔新 1987《现代汉语同义词词典》,天津人民出版社
闵家骥、刘庆隆、韩敬体、晁继周 1987《汉语新词词典》,上海辞书出版社
王万仁 1987《象声词例释》,广西教育出版社
季羡林等 1988《中国大百科全书·语言文字》,中国大百科全书出版社
李行健、曹聪孙、云景魁主编 1989《新词新语词典》,语文出版社
刘洁修 1989《汉语成语考释词典》,商务印书馆
岑麒祥 1990《汉语外来词词典》,商务印书馆

周宏溟 1990《汉语惯用语词典》,商务印书馆
王 瑛、曾明德 1991《诗词曲语辞集释》,语文出版社
罗竹风主编 1994《汉语大词典》(附录 索引),汉语大词典出版社
于根元主编 1994《现代汉语新词词典》,北京语言学院出版社
王艾录 1995《汉语理据词典》,北京语言学院出版社
李行健主编 2004《现代汉语规范词典》,外语教学与研究出版社、语文出版社

三、论文类

王 力 1953《词和仂语的界限问题》,载于《中国语文》第 9 期
曹伯韩 1954《字和词的矛盾必须解决》,载于《语文的问题评论集》,东方书店
胡 附、文 炼 1954《词的范围、形态、功能》,载于《中国语文》第 8 期
林 焘 1954《汉语基本词汇的几个问题》,载于《中国语文》第 7 期
岑麒祥 1956《关于汉语构词法的几个问题》,载于《中国语文》第 12 期
陆志韦 1956《构词学的对象和手续》,载于《中国语文》第 12 期
史存直 1956《再论什么是词儿?》,载于《中国语文》第 9 期
魏建功 1956《同义词与反义词》,载于《语文学习》第 9—11 期
武占坤 1956《交叉同义词及其特点》,载于《语文知识》第 12 期
邢公畹 1956《现代汉语的构形法和构词法》,载于《南开大学学报》第 2 期
张世禄 1956《词义和词性的关系》,载于《语文学习》第 7 期
恩格斯 1957《劳动在从猿到人转变过程中的作用》,载于《自然辩证法》人民出版社
任铭善 1957《同义词和词的多义性》,载于《语文学习》第 4 期
孙良明 1958《词的多义性跟词义演变的关系和区别》,载于《中国语文》第 5 期
郑 奠 1958《谈现代汉语中的“日语词汇”》,载于《中国语文》第 2 期
周祖谟 1958《词汇和词汇学》,载于《语文学习》第 9 期
林 焘 1959《现代汉语词汇规范问题》,载于《语言学论丛》第三辑,上海教育出版社
潘允中 1959《汉语基本词汇的形成及其发展》,载于《中山大学学报》第 1、2 期合刊
孙良明 1959《汉语词法研究中的几个问题》,载于《人文杂志》第 5 期

赵振铎 1959《虚词不能归入基本词汇吗》,载于《人文杂志》第 3 期
郑 奠 1959—1961《词汇史随笔》,分载于《中国语文》各期
郑林曦 1959《试论成词的客观法则》,载于《中国语文》第 9 期
薄 鸣 1961《谈词义和概念的关系问题》,载于《中国语文》第 8 期
岑麒祥 1961《论词义的性质及其与概念的关系》,载于《中国语文》第 5 期
黄景欣 1961《试论词汇中的几个问题》,载于《中国语文》第 6 期
石安石 1961《关于词义和概念》,载于《中国语文》第 8 期
殷焕先 1962《谈词语书面形式的规范》,载于《中国语文》第 6 期
陈建民 1963《现代汉语里的简称——附论统称和词语的减缩》,载于《中国语文》第 4 期
吕叔湘 1963《现代汉语单双音节问题初探》,载于《中国语文》第 1 期
王维贤 1963《也谈词义和概念的关系》,载于《浙江学刊》第 4 期
张 弓 1964《现代汉语同义词的几个问题》,载于《河北大学学报》(哲学社会科学版)第 5 期
郭良夫 1981《汉语词汇规范问题》,载于《语文研究》第 2 期
李行健 1981《概念意义和一般词义——从“国家”的词义是什么说起》,载于《辞书研究》第 2 期
李行健 1981《从“救火”谈释词》,载于《辞书研究》第 4 期
王 勤 1981《略论现代汉语中的古语词》,载于《湘潭大学学报》(哲学社会科学版)第 1 期
殷孟伦 1981《谈谈汉语词汇研究的断代问题》,载于《文史哲》第 2 期
张永言 1981《关于词的内部形式》,载于《语言研究》创刊号
戴昭铭 1982《一种特殊结构的名词》,载于《复旦学报》第 6 期
贾彦德 1982《语义场内词义间的几种聚合关系》,载于《新疆大学学报》第 1 期
宋永培、苏宝荣 1982《注重民族特点,坚持汉语词汇形、音、义的综合研究》,载于《四川师范大学学报》第 4 期
王振昆、谢文庆 1982《反义词的义素分析》,载于《天津师院学报》第 3 期
周祖谟 1982《现代汉语词汇的研究》,载于《语文研究》第 2 期
符淮青 1983《表动作行为的词的意义分析》,载于《北京大学学报》第 3 期
石安石、詹人凤 1983《反义词聚的共性、类别及不均衡性》,载于《语言学论丛》第十辑,商务印书馆
刘叔新 1985《汉语复合词内部形式的特点与类别》,载于《中国语文》第 3

期
常敬宇 1986《语境和语义》，载于《汉语研究》第一辑，南开大学出版社
林万菁 1987《论同义同素异序双音词》，载于《学术论文集刊》第2集
吕冀平、戴昭铭、张家骅 1987《惯用语的划界和释义问题》，载于《中国语文》第6期
孙雍长 1987《论词义变化的社会因素》，载于《湖南师范大学社会科学学报》第4期
王绍新 1987《谈汉语复合词内部的语义构成》，载于《语言教学与研究》第3期
沈孟璎 1988《修辞方式的渗入与新词语的创造》，载于《山东大学学报》第3期
张志公 1988《语汇重要，语汇难》，载于《中国语文》第1期
赵克勤 1988《论新词语》，载于《语文研究》第2期
何九盈 1989《词义琐谈》，载于《古汉语研究》第3期
蒋绍愚 1989《关于汉语词汇系统及其发展变化的几点想法》，载于《中国语文》第1期
孙雍长 1989《论词义变化的语言因素》，载于《湖南师范大学社会科学学报》第5期
许威汉 1989《论汉语词汇体系》，载于《古汉语研究》第4期
张永言 1989《汉语外来词杂谈》，载于《语言教学与研究》第2期
刘叔新 1990《复合词结构的词汇属性》，载于《中国语文》第4期
史有为 1991《外来词研究的十个方面》，载于《语文研究》第1期
周光庆 1991《汉语词义结构的新思考》，载于《荆州师专学报》第3期
曹聪孙 1992《汉语隐语说略》，载于《中国语文》第1期
程　荣 1992《试探词语缩略》，载于《语文建设》第7期
贾彦德 1992《语义研究的发展》，载于《语文建设》第3期
苏新春 1992《论汉语词义中的深层义》，载于《广州师院学报》第4期
张联荣 1992《词义引申中的遗传义素》，载于《北京大学学报》第4期
周光庆 1992《汉语词义引申中的文化心理》，载于《华中师大学报》第5期
常敬宇 1993《汉文化与现代汉语词汇的关系》，载于《汉语言文化研究》第三辑，南开大学出版社
应雨田 1993《比喻型词语的类型及释义》，载于《中国语文》第4期
伍铁平 1994《论词义、词的客观所指和构词理据》，载于《现代外语》第1期

孙良明 1995《漫谈现代汉语词汇的现代化研究》,载于《词汇学新研究》,语文出版社
王　宁 1995《汉语词源的探求与阐释》,载于《中国社会科学》第2期
周　荐 1995《复合词构成的语素选择》,载于《中国语言学报》第七期,语文出版社
周洪波 1996《新词语的预测》,载于《语言文字应用》第2期
徐耀民 1997《成语的划界、定型和释义问题》,载于《中国语文》第1期
郑远汉 1997《论词内反义对立》,载于《中国语文》第5期
周　荐 1997《异名同实词语研究》,载于《中国语文》第4期
符淮青 2000《同义词研究的几个问题》,载于《中国语文》第3期